系列教材

# 数字互动营销

## 慕课版

I N A N C E A N D T R A D E

**汪志颖 胡咏雪 王颖**

主编

**张杰 苏佳 吴岚**

副主编

人民邮电出版社

北京

**图书在版编目（CIP）数据**

数字互动营销 : 慕课版 / 汪志颖, 胡咏雪, 王颖主
编. -- 北京 : 人民邮电出版社, 2025. -- (中等职业教
育改革创新系列教材). -- ISBN 978-7-115-65646-9

Ⅰ. F713.50

中国国家版本馆 CIP 数据核字第 20246YB823 号

## 内 容 提 要

本书系统地介绍了数字互动营销的相关内容，包括做好数字互动营销准备、数字互动营销策划、
开发数字化客户、数字化留存营销、数字化营销转化、数字化裂变营销、数字互动营销效果分析。

本书采用项目任务式结构进行讲解，知识全面、结构清晰、实用性强，在讲解基础知识的同时，
注重实际操作能力的培养，可以充分满足职业院校教育教学需求。本书还配有知识点微课视频，以进
一步帮助读者理解相关操作。

本书既可作为职业院校电子商务、市场营销、直播电商等专业的教材，也可作为"1+X"数字营
销技术应用职业技能等级证书的培训教材，还可作为从事数字营销工作人员学习和提高技能的参考书。

◆ 主　　编　汪志颖　胡咏雪　王　颖
　　副主编　张　杰　苏　佳　吴　岚
　　责任编辑　白　雨
　　责任印制　王　郁　彭志环

◆ 人民邮电出版社出版发行　　北京市丰台区成寿寺路 11 号
　　邮编　100164　电子邮件　315@ptpress.com.cn
　　网址　https://www.ptpress.com.cn
　　固安县铭成印刷有限公司印刷

◆ 开本：787×1092　1/16
　　印张：13.75　　　　　　　　　　　　　2025 年 4 月第 1 版
　　字数：211 千字　　　　　　　　　　　2025 年 4 月河北第 1 次印刷

定价：49.80 元

读者服务热线：(010)81055256　印装质量热线：(010)81055316
反盗版热线：(010)81055315

# 前　言

　　党的二十大报告指出，培养造就大批德才兼备的高素质人才，是国家和民族长远发展大计。中共中央办公厅、国务院办公厅于2021年10月印发的《关于推动现代职业教育高质量发展的意见》中明确指出，职业教育是国民教育体系和人力资源开发的重要组成部分，肩负着培养多样化人才、传承技术技能、促进就业创业的重要职责。随着经济的发展，国家对技能型人才的需求日益增加，这种需求推动着中等职业教育（以下简称中职教育）逐步改革。

　　为深入贯彻《国家职业教育改革实施方案》精神，持续推进"三教"（即教师、教材、教法）改革，做好"1+X"证书"课证融通"工作，我们编写了本书，旨在有效实现课程体系与岗位需求对接、学习内容与工作内容对接。本书采用理论和实践相结合的形式，详细介绍数字互动营销相关的知识和技能，以帮助读者掌握数字互动营销的方法。本书具有以下特点。

## 1. 与职业技能等级标准、课程标准相衔接

　　本书立足于《数字营销应用职业技能等级标准》（初级）和新课标，以等级标准中明确的工作内容和新课标中规定的主要教学内容为依据，按照拉新→留存→促活和转化→裂变的营销思路，设计教学内容，帮助读者做到有针对性地学习。

## 2. 采用项目任务式结构，注重实操

　　本书采用项目任务式结构，按照营销思路设计项目，循序渐进、层层深入。每个项目都通过"职场情境"给出具体的任务要求，并分解任务。通过"任务描述"明确任务目的，再通过"任务实施"中的各项活动完成任务，最后通过"任务实践"进行实操训练，巩固本项目所学的知识和技能，从而帮助读者全面了解数字互动营销的实际工作内容。

　　同时，本书每个项目末尾设计有"同步练习"栏目，其中精心布置了一系列练习题。这些练习题紧扣本项目所讲的内容，让读者在完成练习的过程中，进一步掌握并巩固所学知识。

### 3. 情境引入，生动有趣

本书以职场工作中的实际场景展开，以新员工刚进入公司实习的情境引入各项目教学主题，让读者了解相关知识在实际工作中的应用情况。书中设置的人物角色如下。

小艾——北京创亿文化传媒有限公司的实习生。

老李——原名李洪亮，人称"老李"，是小艾的直属上司及职场引路人。

### 4. 板块丰富，融入素养教育

本书在板块设计上注重培养读者的思考能力和实践能力，努力做到"学思用贯通"与"知信行统一"相融合。文中穿插的板块如下。

- **经验之谈**：说明、补充和拓展书中知识，从而拓展读者的知识面。
- **素养小课堂**：包含前沿知识和技术、文化传承、职业道德等内容，与素质目标相呼应，以加强对营销人员素养的培养。
- **知识拓展**：补充讲解相关的理论知识或技巧，丰富读者所学内容。

### 5. 配套资源丰富

本书提供PPT课件、习题参考答案、教学教案、题库软件等教学资源，用书老师可自行通过人邮教育社区网站（http://www.ryjiaoyu.com）免费下载。此外，本书还配有二维码，其中的内容涵盖书中知识点的详细说明、补充、扩展，以及相关的微课视频。读者可直接扫描二维码查看相关知识和观看微课视频。

本书由汪志颖、胡咏雪、王颖担任主编，张杰、苏佳、吴岚担任副主编。由于编者水平有限，书中难免存在不足之处，恳请广大读者批评指正。

编　者
2025年2月

# 目　录

# 项目一

## 做好数字互动营销准备

**职场情境**

　　小艾是北京创亿文化传媒有限公司新进的实习生，实习岗位是数字互动营销岗位。在一次部门例会上，部门主管老李让大家谈谈对数字互动营销的认识，然而，大多数实习生都像小艾一样，对数字互动营销的理解仅停留在表面，回答过于浅薄。这次会议让老李意识到，有必要开展一次关于数字互动营销的基础培训。

## 学习目标

### 知识目标

1. 复述数字互动营销的概念、作用、构成要素。
2. 归纳数字互动营销的流程。
3. 概述数字互动营销岗位的工作内容、能力要求和素质要求。
4. 辨认数字互动营销中常用的 AI 工具。

### 技能目标

1. 能够按照流程开展数字互动营销。
2. 掌握数字互动营销技能，以适应工作需要。
3. 能够运用 AI 工具辅助营销。

### 素质目标

1. 强化版权意识，自觉维护自己和他人的合法权益。
2. 强化安全意识、底线意识和法律意识。

## 项目导入

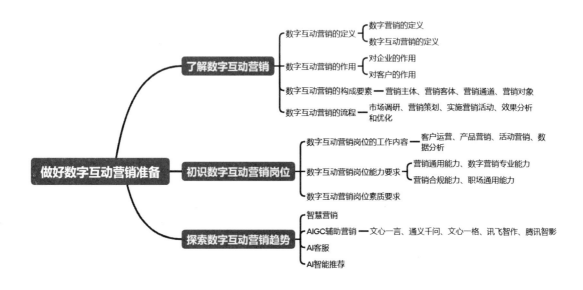

# 任务一　了解数字互动营销

## 任务描述

首期培训会上，老李准备向所有新进公司的实习生详细介绍数字互动营销的基础知识，让大家对数字互动营销有基本的认识。

## 任务实施

### 👤 活动1　数字互动营销的定义

老李说："数字互动营销其实是数字营销发展到一定阶段的产物，强调客户的参与性和互动性。"接着，他分别介绍了数字营销与数字互动营销，并向大家说明了两者的区别与联系。

#### 1. 数字营销

数字营销可以简单理解为：企业借助互联网，在数字技术的支持下，通过数字交互式媒介来实现营销目标的一种精准互动营销方式。由此可以看出，数字营销具有3个特征：以数字技术为依托，使用数字交互式媒介，进行精准互动。

- **数字技术。** 数字技术是数字营销创新和发展的重要推动力，包括网络技术和移动通信技术等。
- **数字交互式媒介。** 数字交互式媒介为数字营销的开展提供平台基础，包括社交媒体平台（如微博、微信、抖音、小红书等）、电商平台（如淘宝、京东、唯品会等）等。
- **精准互动。** 数字营销通过多维数据分析来精准定位客户，实现资源的精准投放，并通过各种营销活动与客户互动。

#### 2. 数字互动营销

社交媒体平台和数字技术的发展推动数字营销的创新性发展，其互动属性不断增强，向着数字互动营销的方向纵向拓深。

从字面上来看，数字互动营销既是数字化的互动营销，也是互动式的数字营销。从前者的角度，可以将数字互动营销定义为：企业通过数字交互式媒介与客户开展交流互动，以实现互助推广效果，是一种强互动性和舆论性的营销方式。从后者的角度，可以将数字互动营销定义为：企业借助互联网，在数字技术的支持下，通过数字交互式媒介，针对目标客户开展的强互动性的营销方式。

## 活动2　数字互动营销的作用

培训会上，老李让大家各抒己见，谈谈数字互动营销发挥的作用。在讨论中，小艾发现大家的着眼点基本都是企业，于是她向老李询问是否还有其他作用。老李对小艾的提问给予了肯定，并告诉大家，数字互动营销不仅是企业营销中不可忽视的一环，客户也会从中受益。

### 1.　对企业的作用

对于企业而言，数字互动营销主要有如下作用。

- **提升品牌曝光度**。数字互动营销利用数据交互式媒介，推动品牌信息的广泛传播，覆盖更多潜在客户，从而提升品牌的曝光度。
- **提升营销效率和效果**。通过大数据分析，企业可以精准定位目标客户，并制定定制化营销策略，开展有针对性的营销活动，从而提升营销效率和效果。
- **辅助客户维护**。数字互动营销强调和客户的双向互动。通过互动，企业可以及时获取客户反馈，了解客户需求，持续提供有价值的信息和服务，促进客户关系的管理维护。
- **降低营销成本**。借助大数据技术，数字互动营销能够实现资源的精准投放，减少无效支出，从而有效降低企业营销成本，提高投资回报率。

### 2.　对客户的作用

对于客户而言，数字互动营销主要有如下作用。

- **信息获取**。一方面，丰富的信息获取渠道可以为客户提供多样化的信息；另一方面，借助数字交互式媒介，客户可以更便捷、及时地获取最新且感兴趣的信息。
- **个性化体验**。数字互动营销基于历史数据和客户偏好，可以为客户实现"量身定制"，提供高度个性化的产品或服务，提升客户体验。
- **增强互动**。多元的数字交互式媒介打通了客户与企业沟通的渠道，让客户的声音得以被听到。同时，客户能够自主分享自己的购物体验、产品使用体验，甚至参与到产品的设计和改进过程中。

### 👤 活动3　数字互动营销的构成要素

接着，老李谈起了数字互动营销的构成要素，并强调这些要素是开展营销的关键。

#### 1. 营销主体

数字互动营销的主体既包括数字营销公司，也包括广告主。不同的营销主体，实现诉求的形式不同。

- **数字营销公司**。数字营销公司是专门从事数字广告业务活动的企业或机构，具有代营销性质。例如，小艾所在公司专门接受其他企业或机构的数字互动营销委托，就属于数字营销公司。
- **广告主**。广告主是为营销产品或服务，自行或者委托他人设计、制作、发布广告的法人、其他经济组织或者个人。例如，小艾协助老李完成的数字互动营销任务就来源于发出委托请求的企业，这些企业包括餐饮企业、房地产公司、个人工作室等，它们就是广告主。

#### 2. 营销客体

数字互动营销需要有一定的内容，包括品牌、产品或服务等，这些属于营销客体的范畴。

- **品牌**。品牌是数字互动营销的重要内容之一，是品牌属性、名称、包装、历史、声誉等的无形组合，是区别于其他竞争者的重要标识。
- **产品**。对于很多企业而言，开展数字互动营销的主要目的之一是提高产品销量。在这个过程中，产品成为数字互动营销内容的核心。
- **服务**。无形的服务也是数字互动营销的重要内容，通过有效的营销，可以使服务具象化，让服务被更多客户所知晓。

#### 3. 营销通道

数字互动营销通道是企业触达客户的重要渠道，既包括营销场景，也包括营销渠道。

- **营销场景**。营销场景指企业与客户互动交流的交互场景。通过打造不同的交互场景，企业可以与客户交流互动，为客户提供服务。
- **营销渠道**。这里的营销渠道其实就是数字交互式媒介。多样化的营销渠道为数字互动营销提供了物质基础，也为其触达更多客户提供了便利，多渠道营销成为越来越多企业的选择。

### 4. 营销对象

客户作为数字互动营销的主要对象，在不同的消费状态下，扮演着不同的角色，客户既可以是用户，也可以是消费者。而在这些客户中，被企业作为目标营销对象的，则是目标客户。

- **客户和目标客户**。客户是可能对企业产品或服务有需求的人。目标客户则是对本企业产品或服务有特定需求，且愿意通过交换来满足这种需求的人。

- **用户**。在互联网语境下，"用户"一词被广泛运用。在营销学中，用户是指使用某个产品或服务的人，其不一定存在购买行为，产品或服务可能是别人赠送的。对该产品或服务存在需求的用户就可以称之为客户。

- **消费者**。消费者是指有潜在购买欲望和冲动的人，从广义上来讲，人人都可能是消费者。当客户对企业产品或服务有（潜在）购买需求时，便转变为企业的消费者。

## 活动4　数字互动营销的流程

接着，老李为大家详细介绍了数字互动营销的基本流程，从前期的市场调研到最后的效果分析和优化，如图1-1所示。

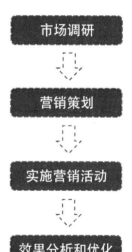

图1-1　数字互动营销的流程

- **市场调研**。市场调研中，数字营销公司等营销主体通过问卷调研、访问等形式，收集营销所需数据，包括行业最新发展动态、市场规模、客户数据、竞争者的产品定位和营销策略等，从而帮助企业制定有针对性的营销策略。

- **营销策划**。营销策划是企业为营销品牌、产品等，针对目标客户和营销渠道等制定的一系列营销方案。营销策划主要包含3个方面的内容：一是营销目标的设定，即确定营销是为提升品牌知名度、提高产品销量还是提升客户满意度等；二是营销策略的规划，包括产品定位和定价、推广渠道选择、营销内容策划、客户参与方式等；三是活动时间安排和资源分配，即规划营销活动启动、预热、高潮、收尾等阶段的具体时间节点，并根据营销目标和策略合理分配预算。

- **实施营销活动**。该阶段是对营销策略进行具体实施，关系着品牌、产品等的营销效果。为确保营销活动顺利实施，需要做好两方面的工作：一是项目管理，即组建跨部门团队，明确分工与责任；二是实时监测活动各环节的关键数据指标，如社交媒体平台的访问量、互动率、转化率等。

- **效果分析和优化。** 在这一阶段，数字营销公司或广告主等需要分析数据指标，以评估营销活动效果，根据数据反馈及时调整营销策略，如调整广告投放渠道、调整内容创作方向、加强与活跃客户的互动等。

## 任务实践 分析科技品牌数字互动营销案例

### 实践描述

近日，科技品牌 Su 计划推出新一代智能手表 SuTime X。为在全国范围内推广该智能手表，Su 开展了一场全面的数字互动营销活动。活动结束后，Su 的营销人员开始梳理本次营销活动各阶段工作的开展情况，为复盘做准备。活动开展详情如下所示。

一、营销准备

Su 在产品研发初期，查看了智能手表行业洞察和市场调研方面的报告，了解了市场的最新发展动态。通过调研，Su 发现客户对产品的关注点主要体现在 5 个方面：产品应用的丰富性、续航能力、价格、外观、健康追踪功能。于是 Su 便将这 5 个点作为产品的研发重点。SuTime X 是原有智能手表的升级，面对的是高端市场，因此，Su 还调研了竞品，深入研究同类智能手表产品的功能特点、价格定位、营销策略、客户反馈等。最终，产品的设计方案如下所示。

功能：健康监测与数据分析（不需要连接手机 App）、运动追踪、智能通知、音乐播放、超长续航、智能语音交互等。

外观设计：时尚轻巧。

销售渠道：Su 官网和各大电商平台。

目标客户定位：科技爱好者、健康生活倡导者、运动爱好者及追求生活品质与效率的中高端客户群体，年龄集中在 18 ～ 55 岁。他们活跃的平台主要为微博、微信、抖音，同时也会浏览与科技、健康、运动相关的平台或 App，关注科技、健康、运动相关的专业化内容。

定价：1388 ～ 1688 元（根据表带材质的不同设置不同的价格）。

二、正式实施

待产品研发成功后，Su 根据前期调研结果，制定完整的营销策略，在微博、微信、抖音及包含科技、健康、运动等内容的平台和 App 大力推广。同时，根据平台特性和客户内容偏好定制内容，如发布产品演示短视频、健康 / 运动专家访谈短视频、科技科普文章等。另外，

Su 还通过产品预售抽奖、客户测评征集、主题挑战赛等，鼓励客户主动发布并分享产品相关内容，以提升产品热度，促进产品销售。

## 操作指南

根据科技品牌 Su 的活动开展详情，梳理营销活动的各要素和流程，并核查每一环节的执行情况，具体步骤如下。

**步骤 01** 明确营销要素。分析本次营销活动的构成要素并填写表1-1，以明确营销活动目的是否漏掉重要元素。

表 1-1　分析营销活动构成要素

| 营销主体 | 营销客体 | 营销对象 |
| --- | --- | --- |
| | | |

**步骤 02** 梳理营销活动流程。梳理本次营销活动的营销流程，以及具体的开展详情，并填写表1-2。

表 1-2　梳理营销活动流程

| 流程 | 细分项目 | 开展详情 |
| --- | --- | --- |
| 市场调研 | 调研目的 | |
| | 调研的数据类型 | |
| | 调研的方法 | |
| 营销策划 | 营销渠道 | |
| | 营销内容 | |
| 实施营销活动 | 实施渠道 | |
| | 活动类型 | |

## 任务二　初识数字互动营销岗位

### 任务描述

经过一段时间的培训后，小艾认为自己可以成为一名合格的数字互动营销人员。然而，老李却告诉她，她离真正胜任岗位还有一段距离，且她的工作能力和职业素养也需要进一步提高。

## 任务实施

### 活动1 数字互动营销岗位的工作内容

老李告诉小艾，数字互动营销岗位的工作内容可以分为4个方面，主要包括客户运营、产品营销、活动营销和数据分析。

#### 1. 客户运营

在数字互动营销中，不管是产品研发、活动策划还是正式实施活动，都需要围绕客户展开。在此过程中，客户日常管理、客户拉新、客户留存和转化、提升客户活跃度、促进客户裂变等都是非常重要的工作。

- **客户日常管理。**负责关键意见领袖（Key Opinion Leader，KOL）、目标客户的发掘和管理；建立目标客户画像。
- **客户拉新。**根据客户信息，制定客户拉新策略，并在多个平台开展引流工作。
- **客户留存和转化。**在可以接受的成本范围内开展营销活动，让客户使用产品。同时，通过一系列活动让客户成为企业的忠实客户，并持续使用产品或服务。
- **提升客户活跃度。**通过多种方式和渠道与客户保持密切的互动，提升客户的活跃度，使客户成为产品的传播者。
- **促进客户裂变。**通过利益引导、话语引导等促使客户自动传播品牌口碑，为企业引进更多的新客户。

#### 2. 产品营销

产品营销是数字互动营销的基础。在数字互动营销的过程中，品牌、App、服务等都可以看作是企业的产品。企业需要准确识别产品并针对不同产品开展差异化运营，清晰判断产品的生命周期，以便及时调整营销策略。

#### 3. 活动营销

活动营销是数字互动营销常用的手段。活动营销通常涉及3个方面的内容：在开展活动前进行详细的活动策划，明确活动的目的、形式等；活动开始后按照策划执行活动，并进行活动控制与监督等；活动结束后进行活动的跟进与复盘等。

#### 4. 数据分析

数据分析是数字互动营销的有效支撑，是通过适当的统计分析方法，从数据中发现价值的过程，这个过程包括数据收集、组织、分析等。在这一过程中，企业需要选择合适的分析工具和分析方法，诊断数据，找出营销过程中存在的各种问题，并提出有效的优化策略。

##  活动2　数字互动营销岗位能力要求

在数字时代，营销热点稍纵即逝，营销环境日新月异，这对营销人员的能力提出了更高的要求。处于这一浪潮中的小艾深刻意识到，只有主动学习才能更好地适应时代变化。于是，小艾查看了中国广告协会发布的人才培养标准，其对营销人员的能力提出了4个方面的要求。

### 1. 营销通用能力

作为数字互动营销人员，需要具备一些通用能力，如客户管理能力、营销专业知识、行业洞察力、方案策划能力，具体如表1-3所示。

表1-3　营销通用能力

| 营销通用能力 | 人员分级 | 具体要求 |
|---|---|---|
| 客户管理能力 | 初级 | 理解并能够梳理客户需求，针对不同类型的客户采用合适的营销方式 |
| | 中级 | 能够准确挖掘客户需求、引导客户产生需求，并采取有针对性的营销方式 |
| | 高级 | 能够持续为客户创造价值；能够通过一定的营销手段与客户维持良好的关系 |
| 营销专业知识 | 初级 | 掌握基本的数字互动营销知识；能够灵活运用营销知识解决一般性专业问题 |
| | 中级 | 掌握全面的数字互动营销知识；能够灵活运用营销知识独立解决难度一般的专业问题 |
| | 高级 | 能够独立解决复杂的专业问题；能够主动发现问题、解决问题和总结经验 |
| 行业洞察能力 | 初级 | 能够理解市场和行业的现状；能够准确、全面地分析市场潜力、市场需求和市场竞争情况 |
| | 中级 | 熟悉市场和行业的现状，能够从中发现机遇和问题，并主动抓住机遇；能够输出与市场和行业相关的自己的观点和见解 |
| | 高级 | 能够准确分析市场和行业现状；能够根据分析结果预测市场发展潜力和发展方向，以及竞争者的营销走向 |

（续表）

| 营销通用能力 | 人员分级 | 具体要求 |
|---|---|---|
| 方案策划能力 | 初级 | 知晓方案策划的基本思路和流程；能够根据广告主的需求协助上级领导完成营销方案的策划 |
| | 中级 | 能够独立完成单一产品或品牌的策划工作；能够根据广告主不同阶段的营销诉求，制定相应的营销方案 |
| | 高级 | 能够独立完成整体的营销策划工作；能够制定有创新性的营销策略 |

### 2. 数字营销专业能力

数字营销专业能力是营销人员需要具备的技能，它不仅能够提升营销人员的职业竞争力，还能为营销人员带来更广阔的职业发展空间。数字营销专业能力包括产品理解能力、数据能力、创意能力、投放管理能力、效果优化能力。各级别营销人员的专业能力要求如表 1-4 所示。

**表 1-4　数字营销专业能力**

| 营销专业能力 | 人员分级 | 具体要求 |
|---|---|---|
| 产品理解能力 | 初级 | 熟悉推广的品牌、产品或服务，能够提炼品牌、产品或服务的关键营销点，并体现在营销方案中 |
| | 中级 | 能够将推广的品牌、产品或服务与客户需求相匹配，能够根据推广的品牌、产品或服务进一步挖掘客户潜在需求 |
| | 高级 | 掌握推广品牌、产品或服务的所有知识，能够将其与客户需求相匹配，策划具有创新性的营销方案 |
| 数据能力 | 初级 | 掌握各数字媒介的广告位、创意形态、广告投放方法、适用对象、流量表现；能够根据客户数据精准定位目标客户；熟悉常见的数据分析或管理平台 |
| | 中级 | 熟悉常用的数据分析平台的接入和应用方法；能够根据数据进行营销洞察和效果分析；熟悉数字媒介的主要功能、应用场景；能够与其他工作人员协同合作，实现资源的有效对接 |
| | 高级 | 精通数据营销，能够提供完善、有效的数据互动营销方案，涵盖数字化客户开发、留存、转化；能够为客户运营、客户管理、销售渠道管理、私域建设提供数字化解决方案 |
| 创意能力 | 初级 | 能够根据推广对象提出、优化广告创意，并协同技术人员打造优质广告落地页，落实广告创意 |

（续表）

| 营销专业能力 | 人员分级 | 具体要求 |
|---|---|---|
| 创意能力 | 中级 | 熟悉广告创意和广告落地页的创作流程和方法；能够基于对市场、行业、广告主、产品或服务的认识，以及数据分析结果，制作广告创意方案 |
| | 高级 | 能够有效管理数字互动营销创意生产过程，并总结提高创意生产效率和创意质量的有效方法 |
| 投放管理能力 | 初级 | 熟悉广告投放的基本思路、流程和关键要素；熟悉常见的营销术语及其定义；能够选择合适的平台投放营销广告，并且熟悉平台的广告投放操作；能够采用合适的方法扩大广告的影响力；能够解决投放过程中的常见问题 |
| 投放管理能力 | 中级 | 熟悉广告竞价机制和流程，合理出价；能够管理和监控广告投放项目，严格把控各关键环节 |
| | 高级 | 熟悉合作媒体的广告资源位，能够指导团队合理分配各类资源 |
| 效果优化能力 | 初级 | 熟悉各数字媒介账号设置的方法，为广告主定制广告投放方案，使营销效果最大化；根据广告投放效果，制定优化方案 |
| | 中级 | 熟悉广告在不同投放阶段的效果优化策略和方法，并能够合理运用，以提升营销效果 |
| | 高级 | 监测广告投放效果，并针对投放过程中出现的问题提供可行的解决方案和优化方案 |

### 3. 营销合规能力

营销合规能力考验营销人员对法律法规、平台规则的理解和遵守能力，是数字互动营销活动能否合法、有序进行的保证。具体能力要求如表 1-5 所示。

表 1-5　营销合规能力

| 营销合规能力 | 人员分级 | 具体要求 |
|---|---|---|
| 广告法基础知识 | 初级 | 熟悉《中华人民共和国广告法》，确保营销行为不违反《中华人民共和国广告法》 |
| | 中级 | 能够根据《中华人民共和国广告法》分析可能出现、已经出现的违法行为，并提出解决意见，提前规避违法风险 |
| | 高级 | 在不违反《中华人民共和国广告法》的情况下充分发挥广告创意 |

（续表）

| 营销合规能力 | 人员分级 | 具体要求 |
|---|---|---|
| 创意合规能力 | 初级 | 能够准确判断创意是否违反《中华人民共和国广告法》，以及平台审核规则 |
| | 中级 | 精通与广告审核相关的法律法规，能够改进违法违规创意 |
| | 高级 | 能够做好广告创意的审核工作，并优化改进创意审核工作中不合规、不合理的地方，引导他人提出正面的、合法合规的创意 |
| 数据安全能力 | 初级 | 能够规范使用数据，自觉保护数据安全 |
| | 中级 | 能够建立和维护数据管理体系，为相关人员精准匹配权利和义务，定期组织数据安全培训 |
| | 高级 | 能够追踪、分析与数据相关法律法规和政策的变化，并及时传递给相关人员，根据变化和分析结果调整数据管理体系 |

### 4. 职场通用能力

职场通用能力不仅体现营销人员的专业素养，还体现营销人员的团队协作能力和创新意识，是营销人员应对职场挑战的重要"利器"。具体能力要求如表 1-6 所示。

表 1-6　职场通用能力

| 营销通用能力 | 人员分级 | 具体要求 |
|---|---|---|
| 沟通能力 | 初级 | 能够与广告主友好沟通，在营销目标、方案上达成一致 |
| 沟通能力 | 中级 | 能够与客户建立长期的良性沟通关系 |
| | 高级 | 具备一定的谈判技巧、工作协调能力和资源拓展能力，能够影响客户的想法 |
| 办公能力 | 初级 | 能够使用基础办公软件（如 Office） |
| | 中级 | 能够高效运用基础办公软件，以及操作简单的图像处理工具（如创客贴） |
| | 高级 | 具备客户回访提案陈述、大型场合演讲竞标能力；精通多个专业级数据互动营销软件，包括基础办公软件、图像处理软件（如 Photoshop）、图文排版软件、视频编辑软件、数据分析软件、AI（Artificial Intelligence，人工智能）工具等 |

（续表）

| 营销通用能力 | 人员分级 | 具体要求 |
|---|---|---|
| 项目管理能力 | 初级 | 能够在他人的指导下组织策划难度一般的项目；能够根据总体营销计划制订阶段性的营销计划 |
| | 中级 | 能够独立负责中型项目的实施和运作；能够解决项目中的大部分问题；能够针对可能出现的问题做出风险防范 |
| | 高级 | 能够组织大型项目的方案策划工作；能够推动项目的运作；能够准确分析和解决影响项目进展的重大问题，并做好防范预案 |

### 🙎 活动3 数字互动营销岗位素质要求

除了具备基本的技能外，营销人员还应当具备一些岗位素质，做一名有素质的新时代数字互动营销人员。

- **具有较高的审美水平。** 无论是图文形式的广告还是短视频形式的广告，都体现着营销人员的审美水平。较高的审美水平能够让营销广告赏心悦目，为客户带来愉悦体验。

- **保持好奇心。** 好奇心可以帮助营销人员洞察市场机遇，不断发现和挖掘新的营销灵感。

- **保持进取心。** 数字互动营销是一个长久的过程，其中涉及多个方面的知识。这需要营销人员保持学习热情，不断学习新的知识和技能，提升自己的专业能力。

## 任务实践 搜索本地数字互动营销岗位就业详情

### 实践描述

科技品牌 Su 在发展中逐渐意识到数字互动营销的重要性，为增强其在数字化市场中的竞争力，品牌决定扩大营销团队规模，计划通过校招新招聘 3 名数字互动营销专员。数字互动营销专员主要负责制定营销策略、执行品牌活动、运营与维护官网和社交媒体平台、收集和分析营销数据，并配合其他部门达成营销目的。品牌 Su 知晓，校招人员由于缺乏工作经验，目前无法完全胜任工作，因此希望招到专业对口、有工作潜力的人员。为确保招到合适的人员，品牌 Su 需要做好校招前的准备。

## 操作指南

先明确任职资格，再规划招聘流程，然后设计面试题目，具体步骤如下。

**步骤 01** 明确任职资格。逐条分析校招人员需要负责的工作事项，以及品牌的招聘需求，制定详细的任职资格标准，具体如表1-7、表1-8所示。

表 1-7 基本要求

| 负责工作 | 对应任职要求 |
| --- | --- |
| 专业对口 | 市场营销、数字媒体、数据分析等相关专业 |
| 有工作潜力 | 具备创新思维和较强的学习能力 |

表 1-8 工作能力要求

| 负责工作 | 对应任职要求 |
| --- | --- |
| 制定营销策略 | 具备策划能力和基础办公能力 |
| 执行品牌活动 | 具备较强的活动执行能力 |
| 运营与维护官网和社交媒体平台 | 熟悉主流社交媒体平台操作，具备内容创作能力 |
| 收集和分析营销数据 | 对数据比较敏感，具备基础的数据分析能力 |
| 配合其他部门 | 有良好的团队协作精神 |

**步骤 02** 规划招聘流程。设定合理的校园招聘流程，确保招聘工作高效有序进行。例如，明确并联系目标学校→确定招聘日期→发布招聘广告→举行宣讲会→简历筛选→初试→复试→终试→录用通知等。

**步骤 03** 设计面试流程。明确每轮面试的考察重点，例如，初试重点考察数字互动营销思维和团队协作能力，复试重点考察校招人员的整体素质，终试重点考察校招人员的专业知识和能力情况；然后明确考察内容和考察方法。具体流程如表1-9所示。

表 1-9 面试流程

| 面试流程 | 考察重点 | 考察内容 | 考察方法 |
| --- | --- | --- | --- |
| 初试 | 数字互动营销思维和团队协作能力 | 对数字互动营销方法、方式的了解情况 | 选择一个数字互动营销案例，进行无领导小组讨论 |
| | | 对营销渠道的掌握情况 | |
| | | 团队协作能力 | |

（续表）

| 面试流程 | 考察重点 | 考察内容 | 考察方法 |
|---|---|---|---|
| 复试<br>（面对面交谈） | 整体素质 | 语言表达能力 | 一分钟自我介绍 |
| | | 自我规划能力、发展潜力、能否为企业带来效益 | 询问问题，包括求职原因、成功应聘后的职业规划 |
| | | 职业素质 | 让校招人员进行自我评价，包括优点和缺点 |
| | | 对行业的了解程度 | 询问对行业动态的了解及期望薪资 |
| 终试<br>（面对面交谈＋题目测试＋技能演示） | 专业知识和能力掌握情况 | 专业知识情况 | 笔试题目测试 |
| | | 专业能力情况 | 技能演示，包括办公软件、内容创作等 |

**步骤 04** 设计笔试测试题。笔试测试题的数量不宜过多，题目应当设置得相对容易，避免花费太多时间。因此，可设置一些与数字互动营销相关的选择题，将数量控制在10道以内。测试题示例如下。

以下可以用来辅助写作营销方案的工具是（　　　　）。

A．Word　　　　B．Excel　　　　C．Power BI　　　　D．Photoshop

**步骤 05** 设计技能演示题。技能演示应当体现校招人员的专业能力，但同样需要注意时间管理，因此可以设计一道需要使用办公软件操作的题目，如要求校招人员在Word上根据品牌背景为品牌策划活动方案。

## 任务三　探索数字互动营销趋势

### 任务描述

随着对工作认识的逐渐加深，小艾发现数字互动营销正在发生一些新变化，如更加智慧化、智能化。她将这一点发现告知老李，老李肯定了她的想法，并告诉她："这是大数据技术、人工智能技术等新技术带来的影响。"

### 任务实施

### 👤 活动1　智慧营销

老李告诉小艾，从数字营销出现以来，它一直在不断吸收新兴技术成果，从而形成了平台智能化、流程自动化、运营精细化的智慧营销。智慧营销是以大数据、区块链、云计算、机器学习等技术为基础，以创新为核心的营销方式，具有以下 3 点优势。

- **数据驱动。** 智慧营销依赖大数据、云计算、机器学习等技术，能够基于大量的数据精准洞察目标客户，帮助营销人员更好地洞察客户需求和行为，从而推出定制化和个性化的产品或服务。
- **沉浸式体验。** 智慧营销强调与客户的互动，注重通过社交媒体平台、移动应用、虚拟现实技术等打造沉浸式消费场景，带给客户更为真实的消费体验。
- **降低营销成本。** 智慧营销基于大数据和算法，可以预测市场发展趋势，帮助营销人员有效分配资源、灵活调整营销策略、降低营销成本和提高营销效率。

## 活动2　AIGC辅助营销

老李告诉小艾，目前很多企业正积极拥抱新兴技术，尤其是 AI 技术，并主动将 AI 技术应用于营销领域，如内容生成、智能推荐等方面。特别是 AIGC（Artificial Intelligence Generated Content，人工智能生成内容），其在辅助内容生成方面的应用正日益扩大。

AIGC 通过分析大量的数据，可以根据给定的主题、关键词和要求（如"请为美食主播小宇撰写直播话术"），自动生成较高质量的营销内容，包括文字内容、图片、短视频内容等。例如，美团利用 AIGC 生成《团圆2024》贺岁短片中的部分画面，带领大家用 AI 高效制作全家福。常见的 AIGC 工具如下所示。

（1）文心一言

2023 年 3 月，百度正式推出新一代大语言模型文心一言。作为生成式 AI，文心一言不仅能够与人对话互动、回答问题，还能够协助文学创作、文案创作等，并能够根据给出的写作要求生成指定内容（见图 1-2）。

（2）通义千问

通义千问是一个超大规模的语言模型，既可以进行多轮对话、文案创作、逻辑推理，还能够进行多模态理解、多语言支持等，甚至能够分析上传的图像（见图 1-3）。

（3）文心一格

文心一格是由百度推出的 AI 艺术与创意辅助平台，不仅能够根据文字生成商品图、海报、封面、艺术字等，还能够实现一键抠图、根据已有图像扩展画面等。图 1-4 所示为文心一格的首页。

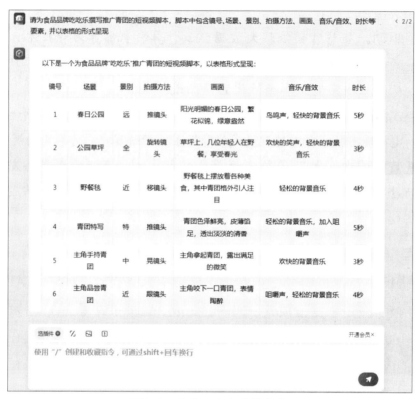

图1-2　文心一言生成的内容

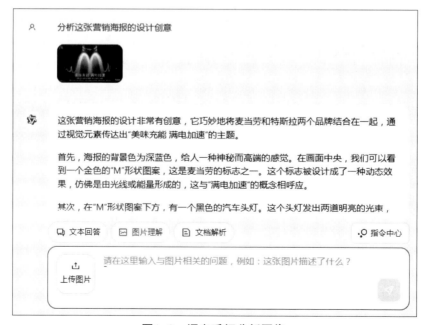

图1-3　通义千问分析图像

图1-4　文心一格首页

（4）讯飞智作

讯飞智作是科大讯飞推出的智能配音产品，提供数字人配音合成、短视频配音等服务，可实现多人配音、多语种配音等。图1-5所示为讯飞智作的配音工作界面。

图1-5　讯飞智作的配音工作界面

（5）腾讯智影

腾讯智影是腾讯推出的一款在线智能视频创作平台，支持文本转视频、文字配音、生成虚拟数字人播报短视频、自动字幕识别等功能，能够帮助营销人员更好地制作视频。图1-6所示为腾讯智影的虚拟数字人播报短视频制作界面。

📝 素养小课堂

AIGC的出现虽然提高了内容生产的效率，但是也引发了一些关于版权和道德方面的问题，如AI生成的内容是否有版权，是否存在抄袭、虚构等问题。这些都需要营销人员认真思考，并合理利用AIGC工具。

图1-6　腾讯智影的虚拟数字人播报短视频制作界面

## 👤 活动3　AI客服

老李还向小艾提到 AI 客服，表示 AI 客服是利用人工智能技术，为客户提供交互式服务的智能客服系统，是 AI 在客户服务方面的应用。AI 客服可以提供 7×24 小时在线客户服务，识别客户意图，实现自动应答，帮助客服解决客户高频咨询问题，有效提高客服的整体工作效率和客户满意度。通过 AI 客服，企业可以提高营销效率，降低人工成本。目前，AI 客服在电商、医疗服务、通信服务、政务、教育等领域得到了广泛应用。图 1-7 所示为 AI 客服在电商、医疗服务、通信服务领域的应用示例。

图1-7　AI客服在电商、医疗服务、通信服务领域的应用示例

## 👤 活动4　AI智能推荐

AI 智能推荐在众多社交媒体平台均有运用，它可以基于客户行为、兴趣

爱好等精准定位目标客户，并为其推送符合喜好的内容，实现精准、智能推送。同时，AI 智能推荐还会实时收集投放数据，有助于营销人员监测营销效果，以便实时调整投放策略，优化投放效果。例如，在小红书浏览一条滑板相关的信息后，后续就会继续"刷"到小红书推送的滑板相关的多条信息。

## 任务实践 使用通义千问写作数字互动营销方案

### 实践描述

科技品牌 Su 将开展一场以"未来科技·智慧生活"为主题的大型线上线下联动活动，旨在深度展现其科技创新实力，提升品牌影响力，同时增强与客户的互动。为寻找灵感，营销人员准备借助通义千问写作营销方案。

### 操作指南

根据活动信息和写作要求设计提问内容，让通义千问据此生成答案，具体步骤如下。

**步骤 01** 确定提问内容。活动背景为"科技品牌Su将开展一场以'未来科技·智慧生活'为主题的大型线上线下联动活动"，活动目的为"提升品牌影响力、增强客户互动"，写作要求为"写作营销方案"，据此，提问内容可以确定为"活动背景+活动目的+写作要求"。

**步骤 02** 输入提问内容。登录通义千问官网，在对话框中输入提问内容，如图1-8所示。

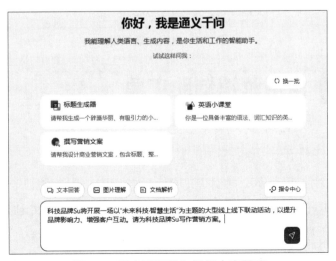

图1-8  通义千问输入提问内容界面

**步骤 03** 查看生成结果。按【Enter】键发送提问，待生成完毕后查看生成结果，如图1-9所示。

**科技品牌Su"未来科技·智慧生活"大型线上线下联动活动营销方案**

一、**活动概述**

科技品牌Su计划举办一场以"未来科技·智慧生活"为主题的大型线上线下联动活动，旨在通过展示前沿科技产品与解决方案，传达品牌创新理念，提升品牌影响力，同时通过丰富多样的互动环节，增强与客户的深度交流与连接，打造沉浸式科技体验，引领公众畅想并触达未来的智慧生活方式。

二、**活动目标**

1. **提升品牌知名度与影响力**：通过大规模、高规格的活动，吸引媒体及公众关注，强化科技品牌Su在行业内的领先地位和创新形象。
2. **深化客户关系**：通过线上线下互动，增进与现有客户的情感联系，提高客户忠诚度；吸引潜在客户群体，扩大市场份额。
3. **产品推广与销售**：利用活动契机，重点推介品牌最新科技产品及解决方案，引导客户体验，推动产品销售。

三、**活动策划**

1. **活动主题与内容设计**

- **线上发布会**：通过直播平台进行全球同步在线发布会，揭示品牌最新的科技研发成果，包括但不限于AI、物联网、智能家居等领域的创新产品。邀请行业专家、意见领袖进行主题演讲，分享对未来科技趋势的洞察和对智慧生活的构想。
- **线下体验馆**：设立于各大城市核心商圈或科技园区的"未来科技·智慧生活"体验馆，供客户实地参观、试用各类科技产品，感受科技带来的便捷与乐趣。设置产品演示区、互动体验区、科技论坛区等多元化功能区域。
- **线上线下联动环节**：如线上新品预约试用、线下体验馆打卡分享赢取礼品、线上科技知识问答竞赛等，实现线上与线下参与者间的互动交流。

2. **营销推广策略**

- **预热宣传**：提前1-2个月启动活动预热，通过品牌官网、社交媒体、行业媒体、KOL合作等多渠道发布活动信息，引发客户期待。
- **话题营销**：围绕"未来科技·智慧生活"主题，策划系列话题讨论，如"你心目中的未来家是什么样？"、"科技如何改变你的日常生活？"等，引导客户参与讨论，提高活动热度。
- **合作伙伴营销**：联合科技、家居、生活类品牌进行跨界合作，共享资源，扩大活动影响力。如共同举办线上研讨会、联合推出限定产品或优惠套餐等。

3. **客户参与与互动机制**

- **预约试用**：线上发布会期间开放新品预约试用通道，客户填写申请信息，有机会获得新品优先试用资格。
- **线下体验馆打卡**：鼓励客户到访线下体验馆，通过扫描二维码、拍照分享等方式完成打卡任务，获取积分兑换品牌周边礼品或购物优惠券。
- **科技知识问答竞赛**：线上举行科技知识问答竞赛，题目涵盖品牌历史、产品特性、科技趋势等内容，优胜者可赢得品牌大奖。

四、**活动执行与后期跟进**

1. **活动筹备**：确保线上发布会的技术支持、线下体验馆的搭建布置、互动环节的流程设计等各项工作按时高质量完成。

2. **活动执行**：严格按照活动日程进行，确保线上线下各环节顺畅衔接，及时应对可能出现的问题。

3. **后期跟进**：活动结束后，整理活动数据，评估活动效果，包括但不限于观看人数、互动量、销售额等关键指标。回访预约试用及线下体验的客户，收集反馈意见，优化产品和服务。持续发布活动精彩回顾、客户故事等内容，延续活动热度。

图1-9 生成结果界面

## 知识拓展 常用营销辅助工具

在数字互动营销过程中，经常会用到一些营销辅助工具，包括办公软件、案例收集工具、图片设计软件等。

- **办公软件**。常用的办公软件有Office、WPS、腾讯文档等。其中，Office由Word、Excel、PowerPoint三大组件组成，Word是文档编辑工具，主要用于文字、图片类素材的编辑加工；Excel是电子表格，主要用于处理、统计与分析数据；PowerPoint主要用于文稿演示。WPS、腾讯文档的功能和Office类似，不同之处在于腾讯文档可在线编辑。

- **案例收集工具。** 案例收集工具主要指数英网、广告门、梅花网等网站，这些网站中汇聚了广告营销、运营、电子商务、移动互联网等多个领域的品牌营销案例，可为营销人员提供营销思路。

- **图片设计软件。** 数字互动营销中经常会涉及图片的设计，包括营销海报、社群Logo、账号头像等，此时可以运用创客贴、稿定设计等在线设计软件和Photoshop等专业图像设计软件来处理。创客贴、稿定设计等在线设计软件中提供有大量的免费模板，替换模板中的图片、更改文字样式可完成设计。Photoshop则需要营销人员具备一定的设计基础，能够自行编辑文字、灵活运用常见蒙版、抠取图像等。

## 同步练习

### 1. 单选题

（1）旅行短视频博主探歌委托营销机构帮助自己打造热门短视频，以提高短视频账号的粉丝数量，扩大自身的知名度。该短视频博主属于（　　）。

  A. 营销主体中的广告主　　　　　B. 营销客体

  C. 既是营销主体，也是营销客体　　D. 营销对象

（2）李儒是一家电商企业的数字互动营销人员，该企业的营销人员统一按照初级、中级、高级 3 个级别分类，分别对应数字互动营销专员、资深数字互动营销人员、营销主管 3 个职称。目前，李儒仅掌握基本的数字互动营销知识，能够解决一般性专业问题，他的职称应该是（　　）。

  A. 资深数字互动营销人员　　　　B. 营销主管

  C. 数字互动营销专员　　　　　　D. 以上都不是

（3）小米是某直播团队的营销人员，现需要为一场直播设计直播封面图。考虑到软件的专业性，小米可以选择的 AIGC 工具是（　　）。

  A. 文心一言　　　　　　　　　　B. 通义千问

  C. 文心一格　　　　　　　　　　D. 讯飞智作

### 2. 多选题

（1）数字互动营销的特征有（　　）。

  A. 使用数字媒介　　　　　　　　B. 以数字技术为依托

C. 强互动性　　　　　　　　D. 单向传播

（2）智慧营销的优势有（　　　）

A. 数据驱动　　　　　　　　B. 沉浸式体验

C. 降低营销成本　　　　　　D. 双向沟通

（3）某美妆品牌特别注重数字互动营销，不仅会经常发掘美妆博主，与他们合作推广产品，扩大品牌知名度，还会经常开展各种营销活动，与客户互动，并搭建了一整套完备的客户关系管理体系。该品牌的数字互动营销工作主要涉及哪些方面？（　　　）

A. 产品营销　　　　　　　　B. 客户运营

C. 活动营销　　　　　　　　D. 数据分析

### 3. 判断题

（1）数字营销就是数字互动营销。　　　　　　　　　　　（　　）

（2）营销人员只要能力强就行，即使品德低也无所谓。　　（　　）

（3）使用 AIGC 工具生成的内容不用辨别真假。　　　　　（　　）

### 4. 简答题

（1）简述数字互动营销的定义。

（2）简述初级数字互动营销人员的能力要求。

（3）简述数字互动营销的流程。

（4）简述 AI 技术在数字互动营销中的应用。

### 5. 操作题

（1）在招聘网站上搜索学校所在省市的数字互动营销岗位招聘情况（BOSS、前程无忧等均可），查看招聘企业的数量、招聘的岗位名称、招聘要求。

（2）使用文心一言写作一篇故宫的营销推广文案，推荐用户去故宫旅游，要求字数不超过 500 字，有中文和英文两个版本。

# 项目二

## 数字互动营销策划

老李深知，数字互动营销活动成功的关键在于精准的策略制定与严谨的执行落地。但策划是小艾当前的短板，她不仅欠缺严密的策划逻辑，独立完成从构思到执行环节的整套营销方案时也显得力不从心。这无疑制约了她的发展，也不利于公司数字互动营销项目的高效推进。因此，老李决定带领小艾深入学习营销策划方面的知识。

## 学习目标

### 知识目标

1. 列举客户数据的收集方式、分析方法，掌握客户标签的提炼方法。
2. 复述常见的互动营销渠道。
3. 列举常见的互动营销方式。
4. 归纳营销内容的主要形式。

### 技能目标

1. 能够从大量的客户数据中精准定位目标客户。
2. 能够根据营销需要选择合适的互动营销渠道和方式。
3. 能够策划出有创意、吸引力强的营销文案。

### 素质目标

1. 坚定文化自信，能够从优秀传统文化中汲取创作灵感，在营销中弘扬优秀传统文化。
2. 与时俱进，实时了解行业相关信息，把握营销风口。

## 项目导入

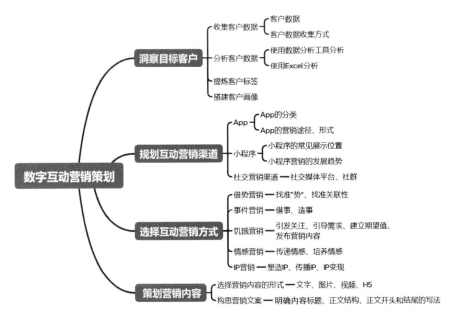

# 任务一 洞察目标客户

## 任务描述

老李告诉小艾，策划数字互动营销活动不仅是设计一套在线推广方案，更是构筑与目标客户深度互动的生态系统。每一次有温度的交流、每一次痛点的精准击中，都在无形中强化着企业与客户的数字化联结。而这一切，都建立在精准洞察目标客户的基础之上。

## 任务实施

### 👤 活动1 收集客户数据

数字互动营销以数据为驱动力，因此，老李希望小艾能够精准洞悉客户的在线行为、兴趣偏好、反馈意见，精准把握他们的需求脉络，从而为他们提供超出预期的个性化体验。

#### 1. 客户数据

客户在数字媒介中留下的痕迹便是数据，如浏览的内容、浏览的时长等。客户数据种类繁多，但不是所有的数据都值得收集。在数字互动营销中，常收集的客户数据主要有6类，如图2-1所示。

#### 2. 客户数据收集方式

客户数据的来源渠道多样，且获取的难易程度不同，其收集方法也就比较多元。

- **内部管理系统**。从企业内部的各种管理系统的数据库中查询和采集客户数据，如产品采购和管理系统、客户服务管理系统、仓储管理系统、财务管理系统等。

- **专业数据机构**。许多专业数据机构会定期向公众发布研究报告，如艾媒网、艾瑞网、中国互联网络信息中心、抖音的巨量算数、快手的大数据研究院等。专业数据机构发布的研究报告具有较强的专业性、权威性，利用价值较高。图2-2所示为艾媒网首页。

- **数据分析和采集工具**。一些数字媒介会提供专门的数据工具收集客户数据，如淘宝的生意参谋、抖音的数据中心等。除此之外，八爪鱼采集器、火车采集器等数据采集软件也可以用于收集客户数据。

**消费特征数据**

包括：产品类目偏好、购买频率、价格敏感度、消费层级等

**人口属性数据**

包括：性别、年龄、身高、职业、住址等个人基本信息

**设备特征数据**

使用的终端，如移动端、PC端（即计算机端）

**兴趣特征数据**

包括：浏览的内容、收藏的内容、购买产品偏好等

**行为数据**

访问时间、浏览路径等客户在网络上留下的行为日志数据

**社交数据**

客户在社交媒体平台上产生的相关数据，包括交流数据、互动数据等

图2-1　常收集的客户数据

图2-2　艾媒网首页

- **社会调研**。通过开展社会调研（如问卷调查、实地探访等）来收集客户数据，需要做好数据的回收和整理。图2-3所示为某品牌发布的产品满意度调查问卷，通过此问卷可以了解客户对产品的看法和使用体验，从而有针对性地改进产品。

* **01 你的性别**
  ○ 男
  ○ 女

* **02 你的年龄**
  ○ 18岁以下
  ○ 18-25岁
  ○ 26-30岁
  ○ 31-35岁
  ○ 36岁以上

* **03 本产品是否为你现在同类型中最常用的产品**
  ○ 是
  ○ 否

* **04 你使用本产品的频率**
  ○ 经常
  ○ 偶尔
  ○ 从不

* **05 你对产品的内容丰富度的满意程度**
  ○ 非常满意
  ○ 比较满意
  ○ 一般
  ○ 不太满意
  ○ 很不满意

* **06 你对产品更新频率的满意程度**
  ○ 非常满意

○ 比较满意
○ 一般
○ 不太满意
○ 很不满意

* **07 你对产品设计的满意程度**
  ○ 非常满意
  ○ 比较满意
  ○ 一般
  ○ 不太满意
  ○ 很不满意

* **08 你对产品安全及隐私保护的满意程度**
  ○ 非常满意
  ○ 比较满意
  ○ 一般
  ○ 不太满意
  ○ 很不满意

* **09 你会向亲朋好友推荐产品吗**
  ○ 会
  ○ 不会

多选
* **10 你是通过什么渠道了解到产品的**
  □ 微博
  □ 微信公众号
  □ 电视广告
  □ 亲朋好友介绍
  □ 其他

图2-3　某品牌发布的产品满意度调查问卷

## 👤 活动2　分析客户数据

　　在老李的指导下，小艾率先尝试收集客户数据。然而，面对大量的数据，小艾未能提取出有价值的信息。老李知晓情况后告知小艾，只有使用正确的分析方法，才能发现隐藏在数据背后的真相。

### 1．使用数据分析工具分析

　　数据分析工具是一种用于收集、整理、处理数据的软件或系统，可自动收集数据，进行统计分析，并生成可视化结果（如图表）等。数据分析工具可以帮助营销人员发现数据中有价值的信息，并基于此做出营销决策。

　　很多数字媒介都推出了对应的数据分析工具，如微博的数据助手、抖音的巨量算数、百度的百度指数等。还有一些专业性较强的第三方数据分析工具，如蝉妈妈、飞瓜数据等。

这些工具的使用方法比较简单。以微博为例，在微博 App 首页底部点击"我"选项，进入个人主页，在打开的界面中点击"创作中心"按钮♀，进入创作者中心。在"服务工具"栏中点击"数据助手"按钮●，在打开的界面中可以查看粉丝数据分析结果，如图 2-4 所示。

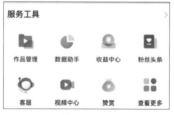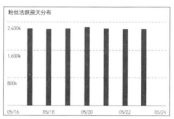

图2-4　微博粉丝数据分析结果

### 2. 使用Excel分析

Excel 是一款功能强大的数据处理工具，在其中可对数据执行筛选、计算等分析操作。

- **筛选**。筛选功能可以从大量数据中，选择出只满足某一个或几个条件的数据。

- **计算**。Excel具有强大的数据计算功能，不仅可以通过公式对表格中的数据进行加、减、乘、除运算，还可以使用函数进行一些高级运算。使用公式计算时，需要先选择要输入公式的单元格，然后在单元格或编辑框中输入"="和公式内容；使用函数计算时，选择需要插入函数的单元格后，可单击编辑栏中的"插入函数"按钮ƒx插入函数，或直接在编辑栏中输入函数。

下面以分析某企业的营销渠道，筛选出优质的引流渠道为例，讲述使用Excel 进行分析的方法。具体操作如下。

**步骤 01** 　筛选访客数大于1000的营销渠道。使用Excel 2016打开"企业营销渠道数据.xlsx"（配套资源:\项目二\素材\企业营销渠道数据.xlsx）。单击【数据】/【排序和筛选】组中的"筛选"按钮▼，每个表头数据对应的单元格右侧将出现"筛选"按钮▽；单击需要筛选字段名右侧的"筛选"按钮▽，再单击"访客数/人"右侧的"筛选"按钮▽；在打开的下拉列表中取消选中访客数低于1000的复选框，完成后单击 确定 按钮，如图 2-5所示。

微课视频

使用 Excel 分析数据

图2-5 筛选

**步骤 02** 使用公式"新访客占比=新访客数÷访客数"计算新访客占比。在D1单元格中输入"新访客占比",在D2单元格中输入"=C2/B2",如图2-6所示,按【Ctrl+Enter】组合键计算渠道A的新访客占比。使用相同的方法计算其他渠道的新访客占比,结果如图2-7所示(配套资源:\项目二\效果\企业营销渠道数据.xlsx)。

图2-6 计算渠道A的新访客占比    图2-7 计算其他渠道的新访客占比

**步骤 03** 选择优质引流渠道。由图2-7可知,渠道A和渠道F的新访客占比更高,可将这两个渠道作为主要引流渠道。

## 👤 活动3 提炼客户标签

在深入研究客户数据分析结果的过程中,小艾逐渐发现一个有趣的规律:看似复杂的各类数据,其实都可以通过几个关键词予以精练概括。老李告诉她,这些关键词就是客户标签。

客户标签是用于描述客户特征的若干个关键词,是对客户数据分析结果的高度概括和提炼,具有很强的概括性和典型性。提炼时,可按照数据类别,分别提炼出反映该数据类别中每一个具体数据分析结果的关键词。例如,客户的人口属性数据显示,某企业的客户中80%为女性、20～40岁的客户占比为77%。基于这一分析结果,可提炼出两个反映性别和年龄的关键词,分别是"女性客户""20～40岁"。

## 🔹 活动4 搭建客户画像

小艾还注意到，客户标签之间具有很强的关联性，将多个数据类别的标签汇集在一起，就构成数字化的客户形象，也就是客户画像。客户画像通常以图表的形式呈现，图2-8所示为某无糖饮料品牌的客户画像。

图2-8 某无糖饮料品牌的客户画像

## 任务实践 调研主题乐园目标客户

### 实践描述

奇趣乐园坐落于城市的郊区，是一个集娱乐、互动、体验于一体的主题乐园。该乐园以一系列脍炙人口的动画短片中的角色为主体，构建了一个充满奇幻色彩的世界。从迷人的公主城堡到神秘的森林探险，从刺激的过山车到梦幻的旋转木马，每一个角落都隐藏着与动画角色相关的故事。

为不断提升游客的体验，奇趣乐园决定通过奇趣乐园 App 开展一次在线问卷调查。这次调查旨在收集游客对奇趣乐园设施、服务、活动及整体环境的意见和建议。奇趣乐园希望通过这次调查，更加深入地了解游客的需求，从而作出相应的改进。

### 操作指南

#### 1. 设计调研问卷

先设计问卷标题和说明，然后根据需要收集的信息设计问卷题目，具体操作如下。

**步骤 01** 设计问卷标题。问卷标题应当紧密围绕调研目的。奇趣乐园开展问卷调查是为了了解游客对乐园的看法,以提升游览体验,由此可将问卷标题确定为"奇趣乐园游客体验调查问卷"。

**步骤 02** 设计问卷说明。问卷说明主要是用于向游客说明调研的目的,并邀请游客填写问卷,如"亲爱的游客,感谢您选择来奇趣乐园度过美好的一天!您的满意度和快乐体验对我们至关重要。我们希望了解您在乐园中的真实感受,无论是游乐设施、环境卫生、餐饮服务,还是员工服务态度等。为此,我们特别设计了这份问卷,您的每一条反馈都将被认真对待,并作为我们改进工作的宝贵参考。请您花费几分钟时间填写以下问卷。作为感谢,您可获得我们提供的优惠券一张"。

**步骤 03** 设计问卷题目。调查问卷的题目通常包括选择题、简答题两种题型。其中,选择题通常为单选题和多选题,并设置部分答案选项供答题者选择;简答题开放性强,答题者可自由作答。本次调查问卷也可以设置这两种题型,利用选择题明确游客对设置、服务、活动等的看法,利用简答题让游客自由提出自己的意见和建议。具体题目如图2-9所示。

---

问题1:您是通过什么渠道了解到我们乐园的?
- A. 电视广告
- B. 社交媒体
- C. 朋友推荐
- D. 旅行网站/应用
- E. 其他

*问题2:您认为乐园的入园流程是否顺畅?
- A. 非常顺畅
- B. 顺畅
- C. 一般
- D. 不顺畅
- E. 非常不顺畅

*问题3:您认为我们乐园的清洁程度和整体环境如何?
- A. 非常满意
- B. 满意
- C. 一般
- D. 不满意
- E. 非常不满意

*问题4:在您游玩的过程中,您认为哪些游乐设施的排队时间过长?(多选)
- A. 城堡探险
- B. 森林飞跃过山车
- C. 梦幻旋转木马
- D. 魔法水域
- E. 其他:

*问题5:请评价乐园内餐饮和产品的价格。

---

- A. 非常合理
- B. 合理
- C. 一般
- D. 不合理
- E. 非常不合理

*问题6:您是否认为我们的工作人员友好且专业?
- A. 非常同意
- B. 同意
- C. 中立
- D. 不同意
- E. 强烈不同意

*问题7:您希望我们未来增加哪些类型的游乐设施或活动?(多选)
- A. 更多的亲子活动区域
- B. 虚拟现实/增强现实体验
- C. 更多的主题表演和活动
- D. 更多的互动游戏和教育项目
- E. 其他

*问题8:如果有机会再次访问,您还会选择我们的乐园吗?
- A. 肯定会
- B. 很可能会
- C. 还没决定
- D. 不太可能
- E. 不会

*问题9:在您的游玩过程中,有哪些方面给您留下了深刻印象或让您感到不满意?(简答题)

---

图2-9 调查问卷题目

### 2. 制作和发布调研问卷

在问卷星中设置问卷内容，并发布问卷链接，具体操作如下。

**步骤 01** 在问卷星中选择问卷类型。登录问卷星，进入问卷星管理后台，单击 `+创建问卷` 按钮，在打开的页面中选择问卷类型，这里选择"调查"选项，如图2-10所示。在打开的页面中选择"文本导入"选项，如图2-11所示。

微课视频

制作和发布
调研问卷

**步骤 02** 输入问卷题目。在打开的页面中将显示格式示例，单击 `清空文本` 按钮，在打开的提示对话框中单击 `确定` 按钮，将之前设计的问卷内容复制后粘贴到左侧的空白区域中（配套资源:\素材\项目二\调查问卷题目.docx），系统将自动在右侧生成问卷，如图2-12所示。

图2-10 选择问卷类型

图2-11 通过文本导入创建调查问卷

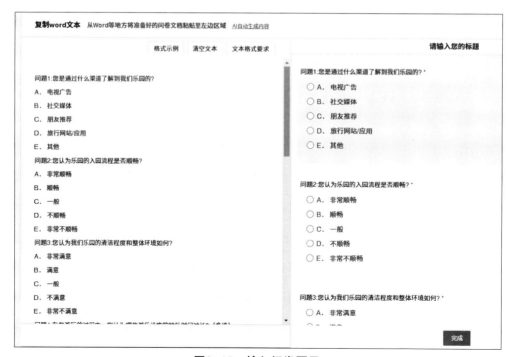

图2-12 输入问卷题目

**步骤 03**　添加问卷标题和说明。单击 完成 按钮，在打开页面中的"请输入您的标题"栏中输入问卷标题，在"添加问卷说明"文本框中输入问卷说明，如图2-13所示。

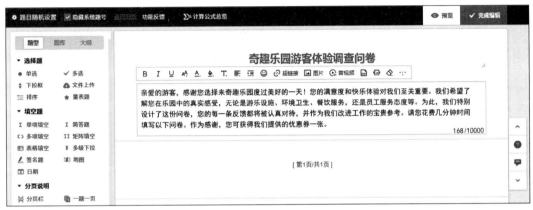

图2-13　添加问卷标题和说明

**步骤 04**　预览问卷。单击 预览 按钮，在打开的页面中预览问卷效果。确认无误后关闭预览，返回步骤03所示页面。

**步骤 05**　发布问卷并复制链接。单击 完成编辑 按钮，在打开的页面中单击 发布此问卷 按钮。在打开的对话框中验证手机号，待验证成功后，再次单击 发布此问卷 按钮发布问卷。在打开的页面中单击 复制 按钮，如图2-14所示，复制问卷链接，将链接放置在奇趣乐园App的合适位置。

图2-14　发布问卷并复制链接

# 任务二 规划互动营销渠道

## 任务描述

老李告诉小艾，在数字互动营销中，互动营销渠道的选择与布局非常重要，这决定着营销内容能否精准触达目标客户，因此需要科学规划、理性布局。为帮助小艾进一步理解，老李准备让小艾实际接触一系列互动营销渠道。

## 任务实施

### 活动1 App

小艾注意到，App（Application，应用程序）作为日常生活的一部分，使用频率很高，相应地，通过 App 向客户提供优质内容或服务已经成为企业营销的常态。也就是说，App 营销实际上就是借助智能手机、平板电脑等移动端设备中的 App 与客户互动、传递信息、销售产品或服务等。

#### 1. App的分类

App 营销具有信息展示全面、精准度高、反馈及时等优点，所以选对 App 很关键。根据不同的分类标准，App 的类别也不同。根据所属领域和功能属性的不同，App 可以分为图 2-15 所示的 9 类。

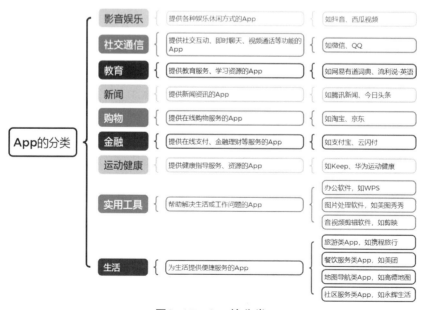

图2-15 App的分类

### 2．App的营销途径

根据 App 开发者的不同，App 的营销途径主可以分为以下两类。

- **自有App**。即企业自行开发设计并拥有的App，可以根据企业的具体需求自行设置App的功能、界面等。例如，中国移动App就是中国移动通信集团公司的自有App。

- **第三方App**。即第三方企业开发设计并拥有的App，企业只利用该App开展营销活动或投放广告，以拓展销售渠道、管理客户关系、推广产品或服务等。例如，美团开发了美团App，邀请商家入驻美团，在线销售食品等，对于商家而言，美团App就是第三方App。

### 3．App的营销形式

App 有两种常见的营销形式：一种是在 App 内投放营销广告（一般会有"广告"两字作为标识），图 2-16 所示为投放在 App 不同位置的营销广告；另一种是在 App 内开展营销活动，如抽奖活动、发放优惠券等。

**图2-16 App内投放的营销广告**

### 👤 活动2 小程序

在老李的带动下，小艾首次接触到小程序。老李说，小程序也是当前主流的营销渠道之一，是一种不需要下载、安装的应用，使用十分便捷，用时直接打开、用完关闭即可。像奶茶店内的扫码点餐、支付宝内的蚂蚁森林，都是小程序营销。

**1. 小程序的常见展示位置**

小程序需要依托平台展示，平台不同、应用场景不同，其展示位置也不同。

（1）微信"发现"界面

微信 App 的"发现"界面提供有小程序的直接入口，如图 2-17 所示，用户近期使用过的小程序会被展示在其中。

（2）微信搜索结果页

用户利用关键词搜索小程序后，与关键词相关的小程序将展示在微信搜索结果页，如图 2-18 所示。

（3）微信公众号

小程序可以和微信公众号联合使用，经常被展示在微信公众号主页"服务"栏（图 2-19 中的"故宫微店"便是小程序）、微信公众号文章中、微信公众号自动回复消息窗口等。

图2-17　微信"发现"界面

图2-18　微信搜索结果页

图2-19　微信公众号

（4）下拉微信主界面

微信主界面往下拉也会出现"最近使用的小程序"。

（5）支付宝首页

支付宝首页对小程序入口进行了展示，点击"我的小程序"选项，可进小程序管理界面。

> **经验之谈**
>
> 此外，百度"我的"界面、QQ首页下拉列表也会展示小程序。需要注意的是，不同位置小程序的营销效果可能会有所区别，企业应根据自身的业务需求和目标客户，选择合适的小程序展示位置，以最大化地提高小程序的曝光度和使用率。

### 2. 小程序营销的发展趋势

小程序营销具有易分享传播、应用场景多样等优势，因而被越来越多的企业应用。随着技术的发展和环境的改变，小程序营销也出现一些新趋势。

- **小程序+直播**。基于小程序的易分享传播特性，很多企业开始在小程序开展直播，客户在小程序内就能实现"观看直播—下单购买—分享直播"，从而可以形成一条完整的互动营销链条。
- **数字化运营**。小程序的营销功能正日益丰富，包括拼团、团套餐券、会员管理、直播等，使其能够轻松实现引流、交易、服务及数据监测等，满足企业全方位的数字营销需求。
- **管理智能化**。AI正逐渐与小程序接轨，在安全、效率、服务等方面为小程序营销提供强力支持。例如，支付宝小程序云就利用AI为企业提供语音识别、数字人直播等功能。

## 活动3　社交营销渠道

社交营销是指企业为达到营销目的，通过社交媒体平台、社群等开展的营销。在此过程中所使用的营销渠道，即为社交营销渠道。

### 1. 社交媒体平台

社交媒体平台的种类有很多，其中，微博、微信、抖音、小红书等是当前主流的社交媒体平台。这些社交媒体平台各具特色，为数字互动营销提供多样的营销渠道。

（1）微博

微博营销以其公开、时效性强、互动性强的特性，构建了一个覆盖面广且信息流通快速的社交网络。图 2-20 所示为微博相关界面。

- **公开**。微博鼓励用户分享短篇文字、图片、视频等多种形式的内容，并公开展示。
- **时效性强**。在微博，24 小时都有新鲜事，且实时更新全球范围内的热点事件。微博的强时效性使其成为新闻发布、舆情发酵的重要阵地。
- **互动性强**。微博的开放式设计允许非粉丝关系的用户之间直接互动，极大地拓宽了信息传播的边界，为企业搭建起高效的信息发布与意见交流通道。同时，微博的话题标签功能可以有效聚合同类信息，催生了大量围绕特定主题的社群互动，如超话。

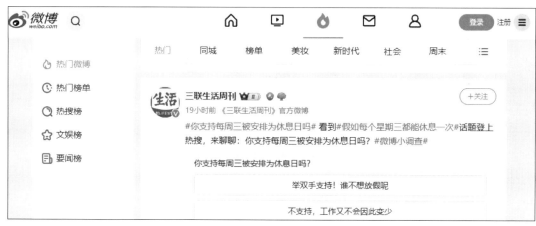

图2-20　微博相关界面

（2）微信

微信作为一款集社交、支付、服务等功能于一体的应用，私密性较强且功能多样。图 2-21 所示为微信 PC 端的相关界面。

就私密性而言，微信聊天为用户沟通往来提供一对一的私密空间，微信群聊为家庭、朋友、同事间的群体交流提供便捷的沟通渠道，微信朋友圈侧重熟人社交，为个人分享生活瞬间、观点提供一个相对封闭且信任度高的社交圈子。

就多功能而言，微信不仅支持社交，还有微信公众号、小程序和视频号等可用于营销的工具，这为数字互动营销提供内容推送和服务的渠道。同时，微信支付，推动社交场景与商业行为的深度融合，构建起涵盖生活方方面面的综合性数字生活平台。

图2-21　微信PC端的相关界面

（3）抖音

抖音是一个具有代表性的短视频平台，具有短视频内容短平快、算法精准推荐、营销途径多元等特点。图 2-22 所示为抖音相关界面。

图2-22　抖音相关界面

- 短视频内容短平快。"短"即短视频的时长短，短则几秒、十几秒，长则几分钟；"平"指短视频发布者的地位平等，只要是抖音用户均可在抖音发布短视频；"快"指短视频的传播速度快。

- **算法精准推荐**。抖音通过精准的大数据算法，可以依据用户的喜好为其持续推送个性化内容。
- **营销途径多元**。抖音提供有直播带货、短视频广告、KOL（Key Opinion Leader，关键意见领袖，在特定领域有较大影响力的人）合作等多元化的营销途径。

（4）小红书

小红书是一个生活方式分享平台，聚焦于时尚、美妆、美食、旅行等领域的内容创作与分享。小红书以图文并茂的笔记和短视频为主要内容形式，如旅行攻略、产品评测、形象改造等，强调内容的实用价值与审美体验。小红书特有的"种草"（即分享推荐产品，激发他人的购买欲）文化，使其成为品牌推广、口碑营销的重要平台。图2-23所示为小红书相关界面。

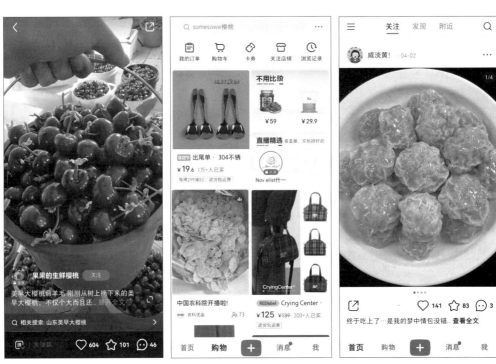

图2-23　小红书相关界面

### 2. 社群

社群是具有相同需求或爱好的人聚集在一起，形成的一种社交圈子，如由阅读爱好者组成的读书社（见图2-24）、同为报社粉丝的粉丝群（见图2-25）等，基于这一社交圈子开展的营销就是社群营销。

社群营销可以借助社群成员对社群的归属感和信赖开展营销，并通过持续发送有价值的内容、开展营销活动等与社群成员持续互动，促使社群成员自觉传播品牌，甚至购买产品或服务，从而达成营销目的。

图2-24 读书社

图2-25 粉丝群

## 任务实践 布局主题乐园数字互动营销渠道

### 实践描述

随着季节的更替，奇趣乐园会推出各种主题活动，如夏日的泼水节、冬季的灯光秀等，让游客在每个季节都能体验到不同的乐趣。乐园内的餐厅和商店也会充分融合动画元素，提供各式各样的主题美食和文创产品。随着奇趣乐园知名度的提升，奇趣乐园积极拓展包括微博、微信小程序、微信公众号在内的多种数字互动营销渠道，以弥补奇趣乐园App（功能：售票＋地图导航＋餐饮和文创产品销售＋会员管理＋动画角色说明）在营销方面的不足。然而，经过一段时间的运营实践，奇趣乐园发现这些新渠道在定位和功能上存在明显的重叠和混淆，如发布的营销内容相同、开展的活动相同等，不利于未来的营销发展，需要立即解决。

### 操作指南

明确各渠道的定位，然后划分各渠道的功能和发布内容，具体操作如下。

**步骤 01** 明确微博的定位、功能设置、发布内容。微博作为一个时效性、互动性强的社交媒体平台，适用于作为官方的宣传窗口，发布奇趣乐园最新新闻事件、与游客互动交流。

**步骤 02** 明确微信小程序的定位、功能设置、发布内容。微信小程序不仅可以与微信支付协同使用，还可以用于会员管理，而且使用方便、无须下载，可定位为微信上的小型官方应用，方便不想下载App的游客订票、享受会员权益。根据功能设置，可将小程序中的菜单设置为首页（展示门票信息）、餐饮（展示餐饮套餐信息）、订单（展示订单信息）、个人中心（展示个人信息）。

**步骤 03** 明确微信公众号的定位、功能设置、发布内容。微信公众号与微信小程序配合使用，因此可以作为承接其他渠道引流过来的"粉丝沉淀池"，用以详细介绍营销活动，并连接可供购票的小程序。根据功能设置，可将微信公众号中的菜单设置为热门活动（用于展示最新活动信息，可跳转到介绍该活动的微信公众号文章）、服务（展示官方可提供的服务）、官方商城（跳转到微信小程序）。

## 任务三 选择互动营销方式

### 任务描述

小艾学习策划的营销策略以失败告终，老李查看后告诉她缺少互动营销方式，可以合理运用借势营销、事件营销和饥饿营销等多种方式，以深度激发客户互动，实现更好的传播效果。于是，小艾准备研究知名品牌的营销方式。

### 任务实施

### 活动1 借势营销

在研究一些品牌的营销方式后，小艾敏锐地发现，这些品牌经常会发布一些与节假日、社会热点相关的营销内容。老李告诉她，这就是借势营销。借势营销就是借助备受关注的社会新闻、热点事件等，宣传品牌或产品，以获取客户的关注。

**第一步** 找准"势"

借势营销通常需要先找准借的"势"。根据可预测与否，"势"可以划分为两类，如表2-1所示。

表2-1 "势"

| 分类 | 具体内容 | 特点 |
| --- | --- | --- |
| 可预测的"势" | 节气、节日、重大体育赛事等 | 借势品牌多，可提前准备 |
| 不可预测的"势" | 娱乐新闻、实时热点等 | 突发性强，发展速度非常快，大众参与度高，但时效较短 |

### 第二步 找准关联性

找准关联性是借势营销能否成功实施的关键步骤。在这一阶段，需要找到"势"与品牌或产品之间的关系，将品牌或产品自然地融入"势"中，然后围绕这一关系策划营销内容，促进营销活动的广泛传播。寻找过程中，可以参考图 2-26 所示的公式。

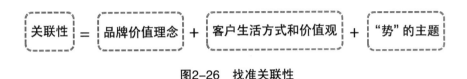

图2-26　找准关联性

例如，伊利借势世界杯营销产品臻浓牛奶，曾推出主题为"拼你所爱，爱意臻浓"的营销活动，这一主题巧妙展示了品牌与世界杯之间的关联。其中，"拼"体现出世界杯的竞技精神；"所爱"体现出客户为爱奋斗的价值理念；"爱意臻浓"既体现出伊利宣传语中的"品牌，源于热爱"，又指明了营销的产品。

## 👤 活动2　事件营销

小艾发现，借助更换代言人这一事件开展借势营销也是常用的营销方式。老李纠正小艾，说这属于事件营销的范畴，不能按照借势营销的逻辑进行策划。事件营销是利用具有新闻价值或营销价值的事件开展营销，从而促进产品或服务的转化。其营销方式主要有两种，一种是借事，另一种是造事。

### 1. 借事

借事就是借助已有的热点事件，将事件与品牌或产品结合在一起，以得到社会的普遍关注，从而提升营销效果。新闻事件、名人事件等，都是常见的借事类型。

- **新闻事件**。对品牌产品或服务有价值、覆盖面广、影响大的新闻事件。
- **名人事件**。利用名人的影响力提升产品附加值，扩大影响范围，如更换某名人为代言人。
- **热门事件**。广受关注的社会热门事件，如微博热搜上的热门事件。
- **体育事件**。一般是重大的体育赛事，如世界杯、奥运会等。例如，一些品牌会以赞助或冠名的方式借助体育事件开展营销。
- **实事事件**。一些突然的、特定发生的实际事件，可以是自然事件、政治事件，也可以是社会事件。

经验之谈

借事型事件营销有时可以看作是一种借势营销。例如，上文所讲的伊利借势世界杯营销，由于世界杯属于重大体育事件，因此本次营销也算是事件营销。

### 2. 造事

造事就是自主策划、组织、制造出有新闻价值的事件，从而开展营销。造势时，需要打造事件的核心亮点。核心亮点的打造可以从两个方面来设计，一是事件切中客户的哪些需求，二是事件是否比较新颖（如第一次出现）。

### 活动3　饥饿营销

小艾想起自己前段时间购买某品牌推出的新款智能手机的经历，该款手机每天发售的数量有限，以至于很多人买不到。结果大家越买不到越想买，使得这款手机的热度持续上涨。她认为这种营销方式非常有用。老李说，这种营销方式就是饥饿营销。饥饿营销通过有意控制产品产量，巧妙地营造出产品供不应求的"假象"，旨在激发客户的购买欲望，从而维持较高的售价和利润率。

饥饿营销能够带来超乎预期的营销效果，但如果哪一步的策划出错，很可能造成负面影响。图2-27所示为饥饿营销的实施步骤。

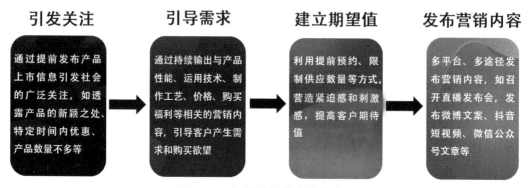

图2-27　饥饿营销的实施步骤

### 活动4　情感营销

小艾在浏览微博时，发现微博热搜中某词条是某老品牌利用客户的怀旧之情开展营销并成功的事情，便和老李讨论。老李反问她："如果是你，你会为小时候的回忆买单吗？"得到小艾肯定的回答后，老李表示这就是情感营销。

**第一步** 传递情感

情感营销是从客户的情感需求出发，将情感寄托在营销之中，以激起客户的情感共鸣。不管是何种情感，首先要将情感传递出去。传递的方式有很多，如产品包装、广告、服务等。

（1）产品包装

对产品的包装材料、图案、色彩、造型等进行设计，赋予其独特的情感意义，从而引发客户的好感和心理认同。例如，旺旺以职业为设计灵感，推出的包装上印有不同职业的"职业罐"（见图2-28），既有程序员、发型师、记者等常见职业，又有购物达人、饲养员等新兴职业，展现出品牌开放、多元、包容的心态，并且通过"职业罐"上灿烂的笑容为职场人加油打气，致敬职场人，引起众多职场人的情感共鸣。

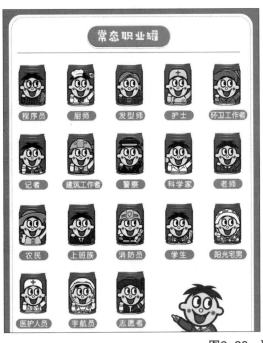

图2-28 职业罐

（2）广告

不管是视频广告，还是图片广告等，都能够通过故事的精彩呈现、广告语对情感的精准提炼，准确地传达情感，激发客户的情感共鸣。

例如，京东手机为推广品牌发布了一则名为《虎子的夏日心愿》的广告短片，短片以乡村留守儿童为背景，讲述了主角虎子希望买一部手机与远在万里之外的父母联系，再到虎子捡到一部旧手机，最后成功与京东手机以旧换新的温情故事。短片中，林场的安全被托付给虎子父母，虎子把修好旧手机的愿望托付给老张，老张将虎子的愿望托付给京东手机，每一次心愿的托付都巧妙展示出品牌对客户的情感关怀和暖心守护。短片最后的广告语"每一个心愿的托付，都值得全力以赴"更是将品牌的人文关怀进一步升华。

（3）服务

服务也是传递情感的一种重要方式。严肃、真诚地处理问题，及时、高效地兑现承诺，随时解疑答惑，可以让客户感受到企业的诚意，从而有效提高客户忠诚度，获得竞争优势。

**第二步 培养情感**

情感的传递不能是单方面的"一厢情愿"，还要通过与客户的互动培养情感。营销时，可以将富有情感的内容发布在社交媒体平台，采用提问、抽奖等形式引导客户评论、转发，也可以开展与情感主题相关的互动游戏，或在线下与客户互动，如合影、拥抱等。

例如，京东手机除发布《虎子的夏日心愿》广告短片，还在微博开展#我们离不开的其实不是手机#话题互动，与客户讨论珍藏在手机里的情感。截至2024年4月15日，该话题的阅读量已达到7.1亿人次，讨论量达到45.4万人次。

## 活动5 IP营销

最近，小艾正好学习到IP（Intellectual Property，知识产权）营销。她注意到某国货老品牌的创始人是一个具有工匠精神的人，他的经历有非常强烈的传奇色彩，具有开展IP营销的可能性。老李表扬了小艾的想法，并告诉她IP营销同样需要做好每一步的策划。

**第一步 塑造IP**

IP营销是指品牌通过打造独有的情感、情怀、趣味等品牌内容，持续输出价值，聚拢客户，使其认同品牌的价值观，对品牌产生信任，获得长期客户流量的营销方式。塑造IP是IP营销的基础。塑造IP时，可以采用以下两种方法。

- 选择能够代表企业或品牌形象的卡通人物作为IP，通过文字、图片、视频等展示IP。例如，海尔就利用视频《海尔兄弟》将卡通人物海尔兄弟打造成代表品牌的IP。

- 将产品或品牌打造成IP，这一方法适合具有广泛客户基础的产品或品牌。例如，故宫就以自身文化积淀为基础，将自己打造成一大IP。

### 第二步 传播 IP

数字时代，"酒香不怕巷子深"的营销方式不一定有用，有趣的 IP 也需要被传播，从而被更多的客户看到。传播 IP 时，可以参考图 2-29 的方法。

### 第三步 IP 变现

变现是指将 IP 积累的名气转化为实际收益。IP 变现的方法很多，常见的有以下 3 种。

- 研发其他内容业态和综合业态。例如，小说改编为动画、影视剧、游戏，甚至开发出线下主题乐园等，通过出让版权变现。

输出内容
**持续**发布与IP相关的内容
**多平台**发布与IP相关的内容

推广引流
投放广告 鼓励**客户**创作相关内容
与**名人**合作，邀请他们帮忙宣传IP

图2-29 传播IP

- **出售衍生品**。也就是直接将IP制作成产品销售，通过获取收益变现。衍生品主要分为两类：一类是实体衍生品，如食品、服饰、鞋子、盲盒等，如图2-30所示；另一类是虚拟衍生品，如虚拟乐队、数字藏品、付费表情包等。
- **IP授权和联名**。这是指将IP的版权授权给第三方，允许第三方将IP制作成联名产品，通过收取版权费及销售提成获取收益。例如，图2-31所示为某咖啡品牌推出的与某影视角色的联名款产品。

图2-30　出售衍生品

图2-31　出售IP授权和联名

### 素养小课堂

版权作为一种法律赋予的权利，受到法律法规的严格保护，其使用必须遵循版权法及相关法规。在IP变现的过程中，应尊重版权所有人的合法权益，通过合法授权的方式明确使用权限，并在授权范围内合规操作，否则可能面临法律风险。

## 任务实践　使用文心一言策划"事件+IP"营销方案

### 实践描述

近期，奇趣乐园即将完成全新主题区域"梦幻星际探险区"的建设。这一区域的建设灵感来源于备受客户喜爱的动画短片《梦幻星际探险》。主题园区的布局与动画短片类似，并且区域内会不时有工作人员扮演的动画角色出现，以推进剧情的发展，为游客提供沉浸式的体验。这一新区域的推出，不仅丰富了奇趣乐园的娱乐项目，还为奇趣乐园的IP库注入了新的IP。为吸引更多游客并进一步扩大品牌影响力，奇趣乐园决定结合"事件营销"与"IP营销"的策略，打造一系列精彩纷呈的活动，让游客在体验新奇乐趣的同时，也能感受到奇趣乐园独特的品牌魅力。

## 操作指南

先使用文心一言设计营销方案，然后修改方案中不合理的地方，完成最终的策划，具体操作如下。

**步骤 01** 使用文心一言设计营销方案。登录文心一言，在文本框中输入营销背景和生成要求，如图2-32所示，按【Enter】键发布。

> 近期，奇趣乐园即将完成全新主题区域"梦幻星际探险区"的建设。这一区域的建设灵感来源于备受客户喜爱的动画短片《梦幻星际探险》。主题园区的布局与动画短片类似，并且区域内会不时有工作人员扮演动画角色出现，推进剧情的发展，为游客提供沉浸式的体验。这一新区域的推出，不仅丰富了奇趣乐园的娱乐项目，还为奇趣乐园的IP库注入新的IP。
> 为吸引更多游客并进一步扩大品牌影响力，奇趣乐园决定结合"事件营销"与"IP营销"的策略，打造一系列精彩纷呈的活动，让游客在体验新奇趣的同时，也能感受到奇趣乐园独特的品牌魅力。
> 请根据这一前提，为奇趣乐园策划事件营销＋IP营销策略。

**图2-32　输入营销背景和生成要求**

**步骤 02** 明确方案中不合理的地方。待生成完毕后查看生成结果，如图2-33所示。由图可知，该营销方案最大的问题是将事件营销和IP营销分成两个非同时进行的活动，二者之间缺乏关联性。其次，该方案中仅提出活动形式，没有提出如何按照事件营销、IP营销的开展顺序进行营销，需要重新梳理。

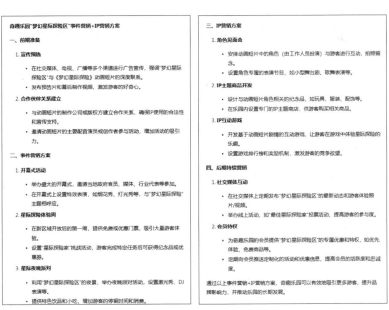

**图2-33　查看生成结果**

**步骤 03** 完善策划方案。结合事件营销、IP营销的开展步骤，可将本次营销活动的开展顺序确定为：明确事件核心亮点和塑造IP→宣传事件和IP→事件实施和IP变现。根据这一顺序重新整理策划方案，并适当优化，形成最终方案。示例如下。

### 奇趣乐园"梦幻星际探险区"事件营销 +IP 营销方案

一、明确事件核心亮点和塑造 IP

事件核心亮点："梦幻星际探险区"开业

塑造 IP：动画短片《梦幻星际探险》中的动画角色

二、宣传事件和 IP

自有渠道宣传：在微博、微信公众号发布"梦幻星际探险区"即将开业的消息，可强调"梦幻星际探险区"与《梦幻星际探险》动画短片的深度联系，激发游客的好奇心。在奇趣乐园 App 设置开屏广告、首页顶部设置广告，展示"梦幻星际探险区"的宣传海报，并提供活动预约链接。

合作伙伴宣传：与动画短片的制作公司或版权方联合宣传，确保 IP 使用的合法性和宣传支持。邀请动画短片的主要配音演员或创作者发布开业相关信息，增加活动的吸引力。

投放宣传广告：在主流的社交媒体平台投放"梦幻星际探险区"的宣传广告。与 KOL 合作，让他们为奇趣乐园及"梦幻星际探险区"定制内容，并邀请他们前往体验。

三、事件实施和 IP 变现

（一）开展活动

1. 开幕式活动

（1）举办盛大的开幕式，邀请当地政府官员、媒体、行业代表等参加。

（2）在开幕式上设置特效表演，如烟花秀、灯光秀等，与"梦幻星际探险"主题相呼应。

2. 星际探险体验周

（1）在新区域开放后的第一周，提供优惠门票，如提前 10 天购票可享受 8 折优惠，吸引大量游客体验。

（2）设置"星际探险家"挑战活动，游客完成特定任务后可获得纪念品或优惠券。

3. 星际夜晚派对

利用"梦幻星际探险区"的夜景，在每天 20:00 表演烟花秀，持续时间为 2 分钟，如果效果好，可作为固定项目。

4. IP 主题产品开发

（1）设计与动画短片角色相关的 IP 主题产品，如玩具、服装、配饰等。

（2）在乐园内设置的文创产品店上新这些 IP 主题产品，供游客购买。

（二）持续宣传

（1）通过官方微博账号、微信公众号持续发布"梦幻星际探险区"的最新动态和游客体验照片、视频。在微博举行抽奖活动，鼓励游客发布体验感受，扩大讨论范围。

（2）举办线上活动，如"最佳星际探险家"投票活动，提高游客的参与度。

（3）继续在其他渠道投放广告，连续体验周连续投放 7 天。与 KOL 合作，让他们分享自己的体验感受。

## 任务四　策划营销内容

### 任务描述

随着对营销策划了解的加深，小艾意识到，优质内容的策划是驱动客户互动、提升营销效果的关键。为此，她准备详细研究不同内容形式的特点和文案的写法。

### 任务实施

#### 活动1　选择营销内容的形式

小艾浏览常见营销渠道的内容后，将主要内容形式总结为以下4种。

#### 1. 文字

文字是一种比较直观、灵活的内容表现形式，可以简单、准确地传递内容的核心价值，但篇幅不宜过长，且要描述准确、用语简洁。微博头条文章、微信公众号文章等多采用文字的表现形式。图2-34所示为某品牌在微博发布的文字式营销内容。

#### 2. 图片

与文字相比，图片具有更强的视觉冲击力，其形式包括动图、长图、九宫格图片等。在数字互动营销中，单图片出现的可能性较小，一般是与文字结合使用，将文字作为图片的一部分融入图片，或者在文字中插入图片（见图2-35），以提升营销效果。

图2-34　文字式营销内容

图2-35　在文字中插入图片

### 3. 视频

视频是目前主流的营销内容形式之一，能够生动、形象地展现营销内容，具有很强的吸引力。根据投放终端的差异，视频可以分为传统视频、网络视频两类。

- **传统视频**。即基于电视等传统渠道传播的视频，如电视视频。
- **网络视频**。即基于计算机和智能手机、平板电脑等传播的视频，如短视频（见图2-36）、中视频、长视频、直播（见图2-37）。

图2-36 短视频

图2-37 直播

### 4. H5

H5 是 HTML5 的简称，HTML5 即指 HTML（Hyper Text Markup Language，超文本标记语言）的第 5 个版本，是构建互联网内容的语言方式，在营销内容中，H5 也可以理解为 HTML5 制作的网页。H5 主要用于品牌传播和新媒体营销推广。图 2-38 所示为以"云游广州府"为主题的 H5。

图2-38 以"云游广州府"为主题的H5

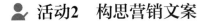

## 活动2 构思营销文案

小艾尝试自己设计营销文案，但在内容构思上进展不顺。为此，老李给她提供了一些经典的营销文案，帮助她激发灵感，并告诉她，还可以借助文心一言等 AIGC 工具构思文案的标题和正文。

### 1. 明确内容标题

标题有多种类型，提问式、直言式、警告式、对比式等都是常见的标题类型，可以起到引人注意的效果。

（1）提问式。提问式标题用提问（反问、设问、疑问等）的方式来引起客户的注意，如"网络安全是智能汽车下一个要'卷'的方向吗？"

（2）直言式。直言式标题直接点明文案的宣传意图，直接告诉客户会获得哪些利益或服务，如"国际博物馆日 | 故宫教研，'好礼'送给你"。

（3）警告式。警告式标题通过警示、震慑的语气说明内容，起到提醒、警告的作用。这类标题常采用"千万不要 / 你不可能 + 事情！""惊叹词 + 主语 + 意外词 + 结论"等格式写作，如"厨房里的八大危险行为，千万不要做！"

（4）对比式。对比式标题通过对比手法来衬托当前产品或品牌的特点，从而加深客户对产品或品牌的认识，引起客户的关注。对比式标题的写作方法较多，可以将与之相反或性质截然不同的事物进行对比；或与同品牌的不同产品或具有相同功能的产品进行比较。例如，"这里怎么能比明信片还美？！快跟着这套手绘打卡都江堰"。

### 2. 明确正文结构

正文的结构包括并列式、总分式、抑扬式、递进式等多种类型。

（1）并列式结构。并列式结构的正文能够从不同角度、不同方面阐述营销的对象，即材料与材料间的关系是并列的，前一段材料与后一段材料位置互换，并不会影响文案主题。

（2）总分式结构。总分式是常见的一种布局结构，其中，"总"是指文章的总起或总结，起点明主题的作用；"分"是指分层叙述，即将中心论点分为几个横向展开的论点，并一一进行论证，逐层深入。

（3）抑扬式结构。抑扬式结构即为肯定某人、事、景、物，先用曲解或嘲讽的态度贬低或否定对方，然后再肯定对方的一种写作结构。抑扬式结构可以让客户产生反差感，而这种反差感是客户记住产品或品牌的较好方法。例如，加多宝败诉于王老吉后推出的"对不起"系列文案，该文案中加多宝通过道歉的方式展现产品的优秀品质，是典型的抑扬式结构。

（4）递进式结构。递进式结构的布局主要表现为观点或事件的论证和讲述，常以议论体和故事体的形式写作，正文的重点内容通常在后半段。这类结构的递进表示方式主要有3种：一是由现象递进到本质、由事实递进到规律；二是直接层层深入；三是提出"是什么"后，展开对"为什么"的分析，最后讲"怎么样"。

### 3. 确定正文开头写法

正文开头包括直接开头、名言开头、故事开头、提问开头、悬念开头等多种类型。

（1）直接开头。直接开头就是开门见山、直奔主题。直接开头要求快速切入主题，将正文需要表达的内容直接展现给客户。对于营销文案而言，在开头可以直接说明某产品或服务的好处，介绍如何解决某种问题等。

（2）名言开头。名言开头是指在正文开头精心设计一则短小、精练、扣题的句子，或使用名人名言、谚语或诗词等引领文案内容，以凸显文案的主旨及情感，可以让客户更深刻地体会文案内容。

（3）故事开头。故事开头是指在正文开头描述一个故事情景，可以用富有哲理的小故事，或用表达中心思想或段落相关的小故事来作为开头，还可以直接写故事，然后进行广告植入等。

（4）提问开头。以提问开头的好处是可以通过提问题的方式自然而然地导入文案主题，这样不仅能引起客户的思考，还显得文案的主旨鲜明、中心突出。

（5）悬念开头。悬念开头是指在正文开头设置悬念吸引客户。例如，"我还不知道她放弃年薪百万的工作，陪她家人到山上种树的原因，直到昨晚她跟我说的一席话。"客户阅读时就会产生疑问：她为什么会放弃高薪？她为什么愿意去山里种树？她说了什么让作者突然明白了呢？这吸引客户继续阅读正文。

### 4. 确定正文结尾写法

"神转折"结尾、互动结尾、幽默结尾、制造场景结尾等都是正文结尾常见的写法。

（1）呼应开头。呼应开头是指结尾和开头对应起来，这样可以让营销内容看起来结构更完整、逻辑更严谨、主题更突出。例如，正文开头提出某个观点，结尾时再次解释、总结或强调该观点。

（2）互动结尾。互动结尾是指在结尾设置话题，吸引客户参与，一般以提问的方式引发客户的思考，吸引客户参与互动。在微博、微信等互动性较强的社交媒体平台发布的文案，就可以在结尾多设置一些客户感兴趣的话题，吸引客户参与互动。

（3）抒情式结尾。抒情式结尾是指通过情感化的表达来强调某种观点和情感态度，在总结前文内容的同时，通过情感的渲染和情绪的激发，引起客户的共鸣。

（4）请求号召式结尾。请求号召式结尾是指在前文铺垫的基础上，在结尾提出请求，或者发出某种号召，促使客户做出某种行动，如关注账号、购买产品、在评论区留言互动、实践前文讲述的道理等。

## 任务实践 撰写宣传活动的微信公众号文章

### 实践描述

五一小长假要开始了，奇趣乐园将在五一期间开展花车巡游活动。除了花车本身设计精美外，舞者会穿上华丽服饰在花车上表演节目，游客也可以与花车上的角色互动。巡游活动时间是每天 10:00 ～ 10:30、13:30 ～ 15:00，巡游活动从奇趣乐园主入口开始，途经各大主题区，最后到达乐园中央的梦幻广场。现需要撰写一篇微信公众号文章，用于宣传花车巡游活动。

### 操作指南

先写作标题，然后写作正文的各个部分，具体操作如下。

**步骤 01** 写作标题。花车巡游是新增活动，对于前来游玩的游客来说本身是个惊喜，这里可以采用直言式标题，直接告知游客这一好消息，并告知花车巡游活动的时间，如"五一小长假，奇趣乐园花车巡游盛宴开启！"

数字互动营销（慕课版）

**步骤 02** 明确正文结构。本篇营销内容主要用于介绍花车巡游活动，该活动有3大亮点：花车本身精美的设计、节目表演、角色互动。因此，可以采用并列式结构，分点并列叙述这三大亮点。

**步骤 03** 写作正文开头。五一去哪里玩，对于很多游客来说是比较关心的问题，因此可以采用提问开头，并将来奇趣乐园看花车巡游作为答案。示例如下。

五一小长假即将来临，你还在为去哪里度假而纠结吗？别再犹豫了，奇趣乐园为你精心准备了一场精彩的花车巡游盛宴！快来和我们一起欢度这个美好的假期吧！

**步骤 04** 写作正文中间部分。按照并列式结构，先讲述花车的设计，然后介绍节目表演和角色互动，在互动部分可添加巡游时间和路线的相关信息。如下所示。

1. 花车巡游，视觉与艺术的结合

每一辆花车都是一件艺术品，既有古典的韵味，又不失时尚的气息。车身上的色彩丰富，装饰有各种鲜花和彩带。想象一下，色彩斑斓的花车穿梭在乐园中，让人仿佛进入了一个梦幻国度。

2. 活力四射的表演，点燃你的激情

除了精美的花车，我们还有活力四射的表演等你来欣赏！表演者们将身穿华丽服饰，在花车上演绎各种经典节目。在这里，欢快的音乐、优美的舞姿、动人的歌声……汇聚成欢乐的海洋，点燃你的激情。

3. 互动环节丰富，让你成为巡游的一部分

除此之外，我们特别准备了丰富的互动环节！你将有机会与花车上的角色进行互动，共同参与到这场欢乐的大派对中。快来加入我们，成为巡游的一部分，感受这份独特的快乐与激情！

花车巡游时间：五一小长假期间，每天 10:00 ～ 10:30、13:30 ～ 15:00。

巡游路线：从奇趣乐园主入口开始，途经各大主题区，最后到达乐园中央的梦幻广场。

**步骤 05** 写作结尾。采用请求号召式结尾，呼吁游客前来游玩，将想法转化为行动。示例如下。

别再犹豫了！快带上你的家人和朋友一起来奇趣乐园吧！让我们在这个五一小长假里共同度过一个充满欢乐与惊喜的时光。记得关注我们的微信公众号以获取更多活动信息和优惠哦！期待你的到来！

## 知识拓展 标题写作技巧

应用一些标题写作技巧可以让营销文案更具吸引力。

（1）借助名人的影响力。"粉丝经济"时代，用户在互联网中大多有关注的对象，如艺人、作家、企业家、学者、行业领军人物等，这些人往往有一定的流量和话题度，因此可以借助这些名人的影响力创作文案标题。

（2）添加网络流行语。网络流行语是指在网络上经常出现且使用频率较高的语言或语言类型，大多由某些社会热点话题或热门事件形成，同时在广大网友的关注下快速传播，有些网络流行语更是被网友运用于多种场合。网络流行语自带热度，如果将其与产品或品牌结合，运用于营销文案中，可以增强文案的趣味性，快速吸引用户的关注。

（3）使用修辞手法。在标题中使用比喻、引用、双关、对偶、拟人和夸张等修辞手法，不仅可以增加标题的吸引力和趣味性，还能使标题更有创意。例如，某鸭绒被的标题"恍如躺在洁白的云朵里"，使用比喻生动地表述了产品的轻柔。

## 同步练习

1. 单选题

（1）某企业提供的小程序购票页面，要求客户填写个人姓名、身份证号码、手机号码，这是在收集客户的（    ）。

    A. 消费特征数据          B. 人口属性数据

    C. 社交数据                    D. 兴趣特征数据

（2）支付宝 App 所属的 App 类型是（    ）。

    A. 影音娱乐              B. 社交通信

    C. 金融                         D. 生活

（3）某服装品牌在冬奥会期间大力宣传其是冬奥会赞助商，以提升品牌知名度、促进产品销售。该品牌运用的互动营销方式是（    ）。

    A. 借势营销              B. 情感营销

    C. 饥饿营销              D. IP 营销

## 2. 多选题

（1）某美术馆即将开展一场主题为"谋生"的专题画展。该美术馆在发布宣传该画展的营销文案时，可以采用哪些内容形式？（　　　）

A. 文字 　　　　　　　　　　B. 图片

C. 短视频 　　　　　　　　　D. 直播

（2）某人在学校门口开设了一家零食店，生意一般，他想要改变现状。为此，他需要收集客户对零食和店铺的意见和建议。他可以通过哪些途径收集信息？（　　　）

A. 问卷调查

B. 面对面访谈

C. 在店内设置建议箱

D. 在专业数据网站查看相关数据报告

（3）近日，某品牌在微博发布了一篇以"与爱同行，拒绝乱丢垃圾"为主题的短文。该短文详细介绍品牌最新发起的公益活动，倡导环保理念。短文在结尾处再次重申开篇提及的活动主旨，并向公众发出呼吁，希望大家共同爱护环境，切勿随意丢弃垃圾。该结尾运用了哪些写法？（　　　）

A. 呼应开头

B. 互动结尾

C. 抒情式结尾

D. 请求号召式结尾

## 3. 判断题

（1）客户画像是具体某一位客户的脸谱画像。　　　　　　　　　　（　　　）

（2）饥饿营销可以联合其他营销方式一起使用。　　　　　　　　　（　　　）

（3）IP营销中，可以随意使用他人的IP，不用支付版权费。　　　　（　　　）

## 4. 简答题

（1）简述确定目标客户的方法。

（2）简述常见的数字互动营销渠道及其特点。

（3）简述开展情感营销的流程。

（4）简述如何构思营销文案。

### 5. 操作题

（1）××地的旅游资源非常丰富，有层林尽染的山川湖泊、古色古香的建筑街巷、香气四溢的地道小吃，但鲜为人知。国庆节临近，于是该地文化和旅游局准备筹划这一项宣传活动，向全国各地的游客们充分展示本地壮丽的自然风光、深厚的历史文化底蕴及令人垂涎欲滴的特色美食，并将这些打造为吸引游客的亮丽名片。请你为该地文旅策划借势营销方案。（提示：先选择借势对象，然后按照公式找准该地旅游资源和借势对象之间的关联性）

（2）智与家居品牌为满足日益增长的营销需求，与更多潜在客户建立联系，展示产品的独特魅力和品牌价值，计划开通抖音和小红书。假设你是该品牌的营销人员，请使用手机号码注册登录抖音、小红书，并统一设置两个平台的账号名称为"智与家居"、账号头像为品牌 Logo（配套资源：\ 素材 \ 项目二 \ 智与家居品牌 Logo.png）、账号简介为"智能家居，让生活更美好"。

（3）智能家居品牌新推出第三代智能门锁，该智能门锁主要三大优势：一是多种开锁方式，包括 AI 识别手掌静脉、3D 人脸识别、指纹解锁等；二是多重智能安全系统，包括防撬告警、逗留提醒、低电量告警、防偷窥虚位密码等，全方位保护家庭安全；三是 24 小时全程监控，可远程监控。该智能门锁原价为 1999 元，当前优惠价为 1789 元。请你为该智能门锁写作一篇微信公众号文章，宣传该门锁，要求包含标题、正文。

# 项目三

## 开发数字化客户

　　季度总结会上，老李宣布了一个有关公司的重大决定：鉴于客户开发工作比重逐月上升，且有可能成为未来的工作重点的，公司决定将下一季度的工作重点调整到客户开发上。为锻炼小艾，老李将其划入客户开发小组，希望她在实战中迅速成长，为公司创造更大价值。

**学习目标**

✈ **知识目标**

1. 说出客户生命周期的概念。

2. 归纳潜在客户的特征。

3. 解释常见的客户行为和客户关系的基本特征。

✈ **技能目标**

1. 准确识别潜在客户并运用合适的方法开发。

2. 准确识别行为客户并运用合适的方法开发。

3. 准确识别客户关系并运用合适的方法开发。

✈ **素质目标**

1. 培养"以客户为中心"的意识。

2. 培养精准的客户洞察力。

## 项目导入

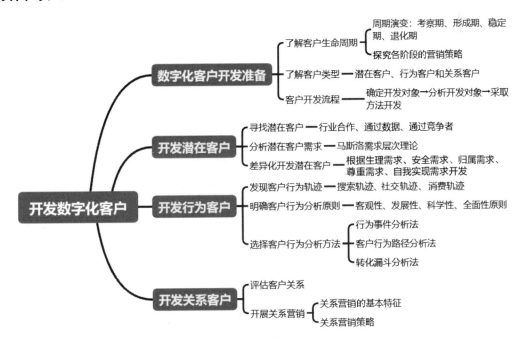

# 任务一 数字化客户开发准备

## 任务描述

小艾虽然具备一定的专业知识，但对于此次涉及客户开发的复杂项目仍感觉有些棘手。于是，老李决定先为小艾详细梳理客户开发的整个体系，并指导她如何开展具体工作。

## 任务实施

### 👤 活动1 了解客户生命周期

老李告诉小艾，客户开发与客户生命周期（Customer Life Cycle，CLC）紧密关联。客户生命周期是指客户开始与企业接触到离开企业的整个过程。

**第一步** 了解客户生命周期的演变

客户生命周期始于客户开始了解企业或企业准备开发客户，结束于客户与企业的业务关系完全终止且客户与企业之间相关的事宜完全处理完毕。从开始到结束的这一时间段，便是客户生命周期的演变。客户生命周期演变的过程中，客户与企业的关系不断发生变化，具有明显的阶段性和周期性，大体可以分为图 3-1 所示的 4 个阶段。

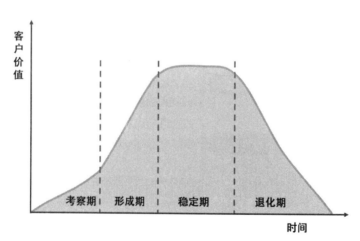

图3-1 客户生命周期

- **考察期**。考察期是客户关系的孕育阶段。在这一阶段，企业和客户均在试探彼此的诚意、目标的相容性等。一方面，企业对客户处于了解阶段；另

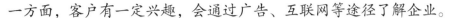

一方面，客户有一定兴趣，会通过广告、互联网等途径了解企业。

- **形成期**。形成期是客户关系快速发展的阶段。在这一阶段，企业会加大营销力度，深化客户对产品或服务的认知，并开始盈利。客户逐渐认识到企业有能力为自身提供价值，并不断增加交易频率。

- **稳定期**。稳定期是客户关系的成熟阶段，也是非常理想的一个阶段。在这一阶段，企业和客户都对彼此提供的价值高度满意，并为保持长期维持稳定的合作关系做了大量有形和无形的投入。一方面，企业不断优化客户服务以维护良好的客户关系；另一方面，客户的忠诚度不断提高，并基于对企业的认同愿意支付较高的价格。

- **退化期**。退化期是客户关系发生逆转的阶段。在这一阶段，企业和客户之间的交易不断减少，企业的盈利快速减少，以至业务关系终止。

**第二步** 探究各阶段的营销策略

老李告诉小艾，在客户生命周期的各个阶段，由于客户关系不同，应该根据不同阶段的特点和需求，采取有针对性的营销策略。只有这样，才能有效吸引、激活、留住客户，并培养客户的忠诚度，实现客户价值的最大化。

（1）探究考察期营销策略

在考察期，客户对企业的印象是"陌生人"，缺乏信任基础，很难转化为实际的消费者。此时，企业的营销重点是想办法吸引客户的注意力，并与客户建立初步的信任关系，为客户购买本企业产品或服务打下信任基础。在此过程中，企业可以采用以下营销策略。

- **适当投入**。投入一定的时间、精力和人力调研客户信息（如通过调查问卷、客户访谈等方式）；根据了解到的客户信息，在客户集中的平台投放广告；提前搭建交易渠道（如官网、在电商平台开设网店等），以便后续交易得以正常进行。

- **积极沟通**。搭建平台矩阵（即在多个平台均开设账号，并同时运营），通过多个平台与客户沟通，了解客户对产品或服务的看法。

- **提高声誉**。通过保持产品或服务的质量、宣传企业正面事迹提高企业的知名度；做好企业的舆情监测，及时处理不利于企业的负面消息，维护企业声誉。

（2）探究形成期营销策略

在形成期，客户已经对企业有充足的了解，并积累一定的消费经验，开始权衡企业及其竞争者为其带来的价值。基于这一情况，企业的营销重点就要转向更高质量的感知价值传递，提高客户满意度，巩固和加强客户信任。具体实践过程中，企业可以参考以下营销策略。

- **提高客户满意度**。一是提供高质量的产品或服务，二是做好售前、售中、售后服务。
- **满足个性化需求**。一是针对客户需求提供定制化或多样化的产品或服务；二是针对不同客户的兴趣偏好，开展个性化营销，如输出不同的营销内容、开展不同主题的营销活动。
- **客户关怀**。关怀方式主要有定期与客户联系和沟通、生日关怀（在客户生日当天发送祝福短信）、活动关怀（积极开展活动与客户互动，如抽奖活动）、优惠关怀（如向客户发送专属优惠券）等。

（3）探究稳定期营销策略

在稳定期，企业已经拥有大量的忠诚客户，且与客户的关系稳定可靠，正面的口碑会持续为企业带来更多的新客户，企业的市场占有率不断攀升。在这一阶段，企业的营销重点是维护客户的忠诚度。在制定营销策略时，可以参考图 3-2 所示内容。

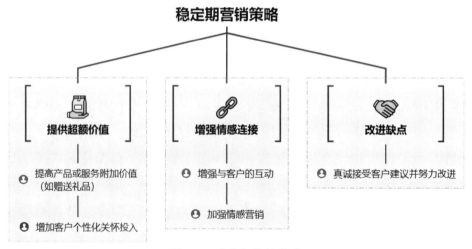

图3-2　稳定期营销策略

（4）探究退化期营销策略

在退化期，客户逐渐流失。此时，企业的营销重点应该放在关系挽回上，其策略的制定步骤可以参考图 3-3 所示内容。

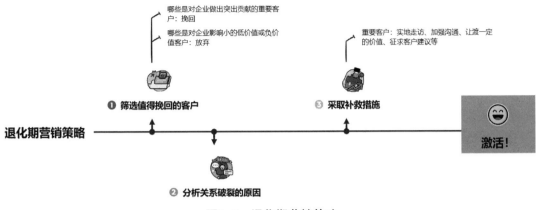

图3-3　退化期营销策略

## 活动2　了解客户类型

老李向小艾深入剖析客户在生命周期不同阶段的特性，强调在开发客户的过程中，应充分考虑客户在各阶段的独特表现，以此为基础进行精准分类，客户主要包括潜在客户、行为客户和关系客户三大类别。其中，潜在客户一般处于考察期，行为客户主要活跃在形成期和稳定期，关系客户是形成期、稳定期和衰退期都会遇到的群体。

### 1. 潜在客户

潜在客户是指对产品或服务有需求且具备购买力，但尚未购买、可能购买的客户。也就是说，潜在客户必须具备两大要素：有需求、有购买力。开发这类客户需要将客户的潜在需求变成现实需求。由此可知，潜在客户具备以下两点特质。

（1）可开发性。既然客户对产品或服务存在潜在需求（不论是现在的需求还是未来的需求），那么对于企业而言，潜在客户就具有开发的价值，是具有可开发性的客户。

（2）待开发性。潜在客户还未转化为现实客户，这需要企业通过一系列的营销手段和方法刺激客户的潜在需求，唤起潜在客户购买本企业产品或服务的念头。

### 2. 行为客户

行为客户可以简单理解为对产品或服务做出过搜索、浏览、点击、收藏、点赞、分享等具体行为的客户。通过分析客户的行为，可以还原客户的真实购物历程和使用习惯，更好地开展数字互动营销。

客户行为多样，但不是所有的行为都值得关注。根据 AIPL 模型，客户与企业的关系由远及近，客户行为也会经历从认知（Awareness）到兴趣（Interest），再到购买（Purchase），最后到忠诚（Loyalty）的过程。具体如表 3-1 所示。

表 3-1　AIPL 模型

| 模型要素 | 行为体现 |
| --- | --- |
| 认知 | 点击、浏览、观看 |
| 兴趣 | 关注、注册、点赞、参与活动、搜索、发表、收藏、分享、加购 |
| 购买 | 支付下单 |
| 忠诚 | 正面评价、分享、二次创作、重复购买 |

### 3. 关系客户

关系客户是指与企业建立某种联系的客户。这种联系是企业为达到营销目的，积极主动与客户建立的持久且互利的某种联系，也叫作"客户关系"。企业与客户之间的关系可以是买卖关系、供应关系，也可以是合作伙伴关系、战略联盟等。

（1）买卖关系

买卖关系下，客户仅把企业作为普通的产品售卖商，仅与其存在交易关系，很少与其进行交易以外的沟通。买卖关系的维护价值很低，一旦关系破裂，对双方均无太大的影响。

（2）供应关系

供应关系下，客户与企业的关系升温，在同等条件下，会优先选择甚至只选择该企业。此时，企业也会投入较多的资源维护客户关系，甚至让渡部分价值来达到长期交易的目的。

（3）合作伙伴关系

合作伙伴关系下，客户与企业的合作达到一定的高度，以客户为导向的投资形成，双方共同探讨行动计划，并共同创造、分享价值。合作伙伴关系的维护需要投入大量的成本，一旦某一方背弃，双方均要付出巨大的代价。

（4）战略联盟

战略联盟关系下，客户和企业双方的目标和愿景高度一致，可能成立合资企业，或双方之间存在股权关系（如客户购买了企业的部分股份，成为企业股东）。存在战略联盟关系的双方互为需要，且都不足以操控对方，其关系的转移具有很高的成本。

## 👤 活动3　客户开发流程

老李提醒小艾，客户开发不是一个静止的过程。在客户生命周期中，企业不可避免地会遭遇客户流失现象，这就要求企业持续不断地开发新客户以补充和扩大客户群体。实际上，将目标客户成功转化为实际消费者的全过程，就是客户开发。小艾对此深感认同，但她意识到，还需要有一套行之有效的客户开发流程，以确保客户能在各阶段顺畅过渡并完成转化。具体流程如图3-4所示。

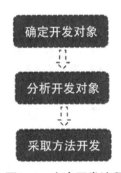

图3-4　客户开发流程

- **确定开发对象**。首先需要确定开发的客户是谁。客户的确定基于大量的客户数据，因此，需要先收集客户数据，然后通过构建客户画像、划分客户生命周期、特征比对等确定要开发的客户。

- **分析开发对象**。待明确开发对象后，需要进一步分析客户信息，包括潜在需求、行为特征等，以便采取有针对性的开发方法。

- **采取方法开发**。客户开发过程中，开发方法的选择至关重要。一般来说，客户不同，采取的开发方法也就不同。例如，某客户经常浏览新品，那么可以推出新品优惠价，吸引客户购买。

## 任务实践　划分新能源汽车品牌客户生命周期

### 实践描述

深海是一家新能源汽车品牌，所售新能源汽车价格为 11 万～ 33 万元。深海因汽车外形美观、性能好受到不少客户的喜爱，而当前其还需要吸引更多的客户。于是深海收集了品牌现有的客户数据，划分客户的生命周期，以便针对处于不同生命周期阶段的客户制定个性化营销策略。

## 操作指南

### 1. 明确客户划分标准

根据客户数据指标确定客户生命周期的划分标准，为后续工作做准备，具体步骤如下。

**步骤 01** 查看客户数据。在Excel 2016中打开"新能源汽车品牌客户数据.xlsx"工作簿（配套资源：\素材\项目三\新能源汽车品牌客户数据.xlsx），查看品牌现有客户的数据，如图3-5所示。

| 序号 | 姓名 | 最近购买时间 | 购买次数 | 累计购买金额/万元 | 反馈意见 |
| --- | --- | --- | --- | --- | --- |
| 1 | 张三 | 2024/3/1 | 2 | 35 | 满意 |
| 2 | 李四 | 2024/3/28 | 3 | 48 | 非常满意 |
| 3 | 王五 | 2023/5/20 | 1 | 18 | 满意 |
| 4 | 赵六 | 2023/8/25 | 未购买 | 0 | 无 |
| 5 | 孙七 | 2022/11/15 | 1 | 20 | 满意 |
| 6 | 周八 | 2024/1/2 | 3 | 45 | 非常满意 |
| 7 | 吴九 | 2022/3/1 | 未购买 | 0 | 无 |
| 8 | 郑十 | 2022/4/1 | 2 | 26 | 满意 |
| 9 | 陈一 | 2023/9/18 | 3 | 54 | 非常满意 |
| 10 | 沈二 | 2022/4/2 | 1 | 15 | 一般 |
| 11 | 张大 | 2023/12/22 | 2 | 29 | 满意 |
| 12 | 李二 | 2024/3/28 | 3 | 46 | 非常满意 |
| 13 | 王三 | 2024/3/20 | 1 | 18 | 满意 |
| 14 | 赵四 | 2024/1/25 | 未购买 | 0 | 无 |
| 15 | 孙五 | 2022/11/15 | 1 | 20 | 满意 |
| 16 | 周六 | 2024/3/19 | 2 | 34 | 非常满意 |
| 17 | 吴七 | 2023/11/11 | 未购买 | 0 | 无 |
| 18 | 郑八 | 2023/4/10 | 2 | 22 | 满意 |
| 19 | 陈九 | 2022/6/2 | 3 | 51 | 非常满意 |
| 20 | 沈十 | 2024/3/28 | 1 | 15 | 一般 |
| 21 | 李大 | 2024/2/23 | 2 | 33 | 非常满意 |
| 22 | 王大 | 2023/5/20 | 1 | 18 | 满意 |
| 23 | 赵十 | 2024/3/25 | 未购买 | 0 | 无 |
| 24 | 孙小 | 2023/11/15 | 1 | 20 | 满意 |
| 25 | 周五 | 2024/1/20 | 3 | 45 | 非常满意 |

**图3-5 品牌现有客户的数据**

**步骤 02** 设定划分标准。客户生命周期的4个阶段中，双方之间的交易经历了从无到有、从有变多，直至消失的过程。因此，可以根据客户的最近购买时间、购买次数、累计购买金额来设定划分标准。

**步骤 03** 明确划分标准的具体内容。考虑到汽车的购买周期较长，这里选取近段时间的购买数据，将购买时间设定为12个月。考察期，客户的交易行为仅停留在感兴趣阶段，因此无购买行为的客户可划入考察期；形成期，客户在近期开始购买新能源汽车，但购买次数少、累计购买金额低，因此，12个月以内只有一次购买记录的客户可以划入形成期；稳定期，客户的购买次数变多，累计购买金额增加，因此，购买次数在两次及以上、累计购买金额不低于最低售价两倍（11万元×2）的客户可以划入稳定期；退化期，客户购买的时间已过去很久，因此有过购买行为，但12个月内未曾再次购买的客户可划入退化期，如表3-2所示。

表3-2 客户划分标准

| 客户生命周期 | 划分标准 |
| --- | --- |
| 考察期 | 未购买 |
| 形成期 | 最近购买时间在12个月（365天）以内，且购买过一次 |
| 稳定期 | 最近购买时间在12个月以内，购买次数大于等于2次，且累计购买金额等于或大于22万元 |
| 退化期 | 至少购买过一次，但超过12个月未再次购买 |

### 2. 划分客户所属生命周期阶段

根据确定的划分标准，按照条件依次筛选各生命周期阶段的客户，具体步骤如下。

微课视频

划分客户所属
生命周期阶段

**步骤 01** 输入文本并调整列宽。选择G1单元格，输入"时间间隔/天"。选择G列，单击【开始】/【单元格】组中的"格式"按钮，在打开的下拉列表中选择"自动调整列宽"选项，如图3-6所示。

图3-6 输入文本并调整列宽

**步骤 02** 计算第一位客户的时间间隔。选择G2单元格，在编辑栏中输入"=TODAY()-C2"（表示用今天的时间减去最近购买时间），按【Enter】键得出计算结果，如图3-7所示。

**步骤 03** 计算其他客户的时间间隔。向下拖动G2单元格右下角的填充柄，快速计算其他客户的时间间隔，如图3-8所示。

**步骤 04** 识别考察期的客户。选中A1：G26单元格区域中的任意单元格，单击【数据】/【排序和筛选】组中的"筛选"按钮▼，单击"购买次数"字段右侧的下拉按钮，在打开的下拉列表中取消选中"1""2""3"复选框（筛选未购买过的客户），单击 确定 按钮，如图3-9所示。

**步骤 05** 修改工作表名称。双击工作表筛选结果下方的"Sheet1"，更改工作表名称为"考察期的客户"，按【Enter】键确认修改，结果如图3-10所示。

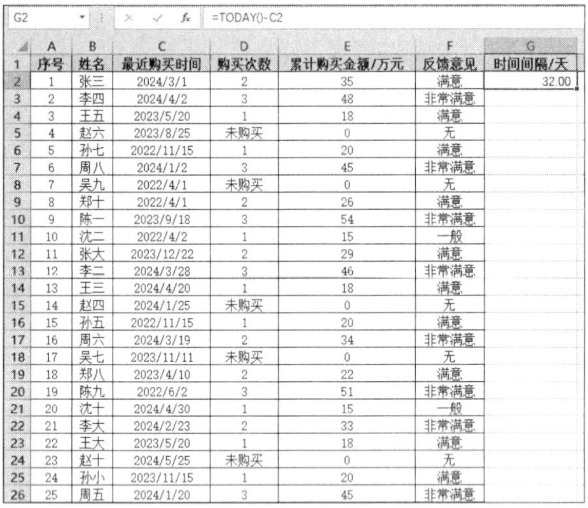

图3-7 计算第一位客户的时间间隔

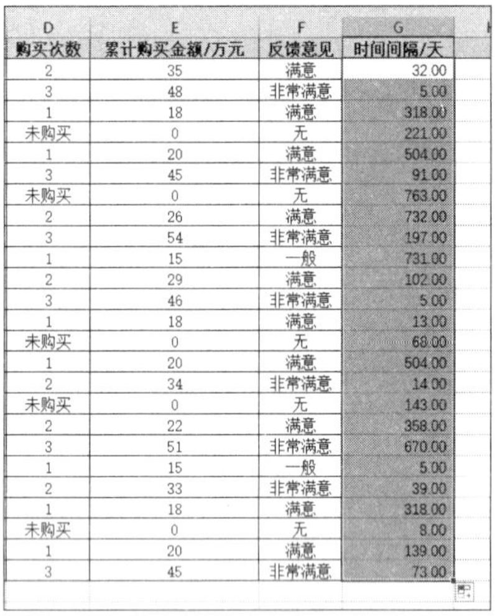

图3-8 计算其他客户的时间间隔

图3-9 识别考察期的客户

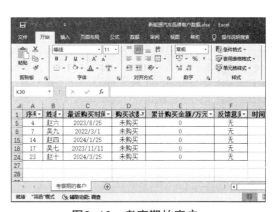

图3-10 考察期的客户

**步骤 06** 复制工作表。将鼠标指针移动至工作表名称上，按住【Ctrl】键不放，向右拖动鼠标，复制工作表，更改新工作表的名称为"形成期的客户"，如图3-11所示。

图3-11 复制工作表

**步骤 07** 识别形成期的客户。在"形成期的客户"工作表中单击"购买次数"字段右侧的下拉按钮▼，在打开的下拉列表中单击选中"1"复选框，取消选中"未购买"复选框；打开"时间间隔/天"下拉列表，选择"数字筛选"/"小于或等于"选项，打开"自定义自动筛选方式"对话框，输入"365"，如图3-12所示，筛选结果如图3-13所示。

图3-12 识别形成期的客户

| | A | B | C | D | E |
|---|---|---|---|---|---|
| 1 | 序号 | 姓名 | 最近购买时间 | 购买次数 | 累计购买金额/万 |
| 4 | 3 | 王五 | 2023/5/20 | 1 | 18 |
| 14 | 13 | 王三 | 2024/3/20 | 1 | 18 |
| 21 | 20 | 沈十 | 2024/3/28 | 1 | 15 |
| 23 | 22 | 王大 | 2023/5/20 | 1 | 18 |
| 25 | 24 | 孙小 | 2023/11/15 | 1 | 20 |

图3-13 形成期的客户

**步骤 08** 识别稳定期的客户。复制"形成期的客户"工作表并重命名为"稳定期的客户"。打开"购买次数"下拉列表，单击选中"2""3"复选框，取消选中“1”复选框；打开“累计购买金额/万元”下拉列表，选择“数字筛选”/“大于或等于”选项，在打开的“自定义自动筛选方式”对话框中输入“22”，筛选结果如图3-14所示。

| | A | B | C | D | E |
|---|---|---|---|---|---|
| 1 | 序号 | 姓名 | 最近购买时间 | 购买次数 | 累计购买金额/万元 |
| 2 | 1 | 张三 | 2024/3/1 | 2 | 35 |
| 3 | 2 | 李四 | 2024/3/28 | 3 | 48 |
| 7 | 6 | 周八 | 2024/1/2 | 3 | 45 |
| 10 | 9 | 陈一 | 2023/9/18 | 3 | 54 |
| 12 | 11 | 张大 | 2023/12/22 | 2 | 29 |
| 13 | 12 | 李二 | 2024/3/28 | 3 | 46 |
| 17 | 16 | 周六 | 2024/3/19 | 2 | 34 |
| 19 | 18 | 郑八 | 2023/4/10 | 2 | 22 |
| 22 | 21 | 李大 | 2024/2/23 | 2 | 33 |
| 26 | 25 | 周五 | 2024/1/20 | 3 | 45 |

图3-14　稳定期的客户

**步骤 09**　识别退化期的客户。复制“稳定期的客户”工作表并重命名为“退化期的客户”。使用数字筛选的方法设置次数为大于等于“1”、时间间隔大于或等于“365”，单击“累计购买金额/万元”右侧的筛选按钮，在打开的列表中选择“从‘累计购买金额/万元’中清除筛选”选项，如图3-15所示，筛选结果如图3-16所示。

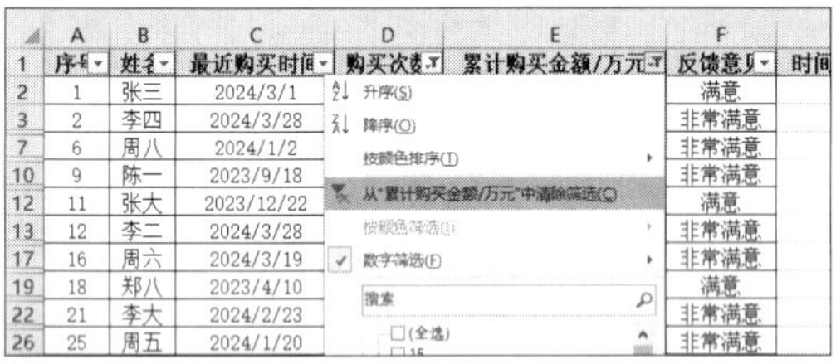


图3-15　清除筛选

| | A | B | C | D | E | F |
|---|---|---|---|---|---|---|
| 1 | 序号 | 姓名 | 最近购买时间 | 购买次数 | 累计购买金额/万元 | 反馈意见 |
| 6 | 5 | 孙七 | 2022/11/15 | 1 | 20 | 满意 |
| 9 | 8 | 郑十 | 2022/4/1 | 2 | 26 | 满意 |
| 11 | 10 | 沈二 | 2022/4/2 | 1 | 15 | 一般 |
| 16 | 15 | 孙五 | 2022/11/15 | 1 | 20 | 满意 |
| 20 | 19 | 陈九 | 2022/6/2 | 3 | 51 | 非常满意 |

图3-16　退化期的客户

# 任务二　开发潜在客户

## 任务描述

“不同的潜在客户有不同的需求，面对如此繁杂的需求种类，应当如何开展潜在客户的开发工作呢？”小艾问出了心中的疑惑。老李让她牢记3个关键词：寻找、分析、细分。即先找到潜在客户，然后深入分析客户的需求特征，最后根据分析结果细分潜在客户，并针对每一类需求的客户实施差异化营销。

## 任务实施

### 活动1　寻找潜在客户

面对庞大的潜在客户群体，老李深知有效识别并锁定这些客户并非易事。于是，他向小艾分享了3种有效寻找潜在客户的方法。

（1）行业合作。企业如果有其他行业的合作伙伴，且能够实现信息共享，就可以获得成倍的潜在客户。例如，手机品牌和耳机品牌相互交换潜在客户，可以获得大量与产品相关联的潜在客户。

（2）通过数据。通过分析各种与产品或服务相关的数据，也可以找到潜在客户，并根据数据中提供的信息触达潜在客户。数据获得的途径多样，如企业内容数据库、行业报告、新闻发布会、国家行政单位等。

（3）通过竞争者。企业虽然与竞争者之间存在竞争关系，但由于某些原因，所拥有的客户不一定重合。也就是说，企业想要挖掘的部分潜在客户，可能就是竞争者的现实客户。此时，企业需要重点分析竞争者的客户群，以找到潜在客户。

### 活动2　分析潜在客户需求

老李告诉小艾，需求是促使潜在客户做出购买决策的动力，明确客户需求，才有助于精准开发。根据马斯洛的需求层次理论，客户需求可以分为生理需求、安全需求、归属需求、尊重需求和自我实现需求，如图3-17所示。

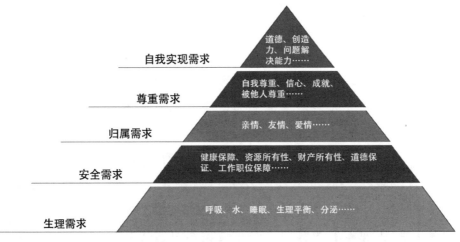

图3-17　马斯洛需求层次理论

开发潜在客户时，可以将马斯洛需求层次理论与产品或服务的实际应用相结合，从图3-18所示的5个方面来满足客户需求。

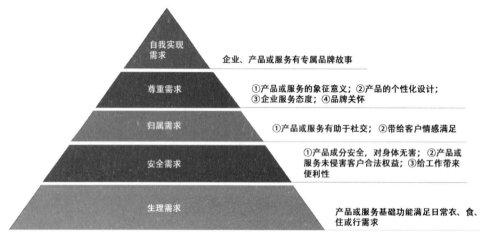

图3-18　客户需求与场景应用

## 活动3　差异化开发潜在客户

明确潜在客户的需求后，老李又针对不同潜在客户的需求，向小艾介绍潜在客户的营销重点，以便开展差异化营销。

- **注重生理需求的客户。** 面对这类客户，可以突出产品或服务在功能或性能方面的特点，以及可以解决的生活问题。例如，智能电饭煲，可以突出各种煮饭功能，如柴火饭功能、香浓粥功能，同时可配合一定的促销手段增强产品或服务的吸引力，如满减、买赠、特价等。
- **注重安全需求的客户。** 面对这类客户，可以强调产品或服务的安全无害，如提供成分检测报告、现场演示、公开展示权益、做出保障承诺等。
- **注重归属需求的客户。** 面对这类客户，可以重点营销产品或服务的情感价值及便捷性。例如，体检产品，在营销时从关爱父母、关心父母身体健康的角度入手。
- **注重尊重需求的客户。** 面对这类客户，可以强调产品的独特外观或寓意、产品或服务的适用人群及使用场合等。例如，婚戒产品象征着爱情，在营销时通过"男士一生仅能定制一枚"强调爱的独一无二。
- **注重自我实现需求的客户。** 面对这类客户，可以通过输出品牌故事，深化品牌的文化底蕴，强化品牌在潜在客户心中的印象，从而将潜在客户转化为自己的客户。例如，某矿泉水品牌通过广告短片输出品牌故事，展示其高端的品牌定位，满足了客户的购买心理，因此获得大量客户。

## 任务实践 开发新能源汽车品牌潜在客户

### 实践描述

新能源汽车品牌深海新推出一款针对女性客户的汽车，汽车特征为经济实用、安全。虽然这是品牌首次推出针对女性客户的汽车品牌，但市场上已出现同类型的汽车。因此，深海决定根据竞争品牌的客户来找到该款汽车的潜在客户，并根据客户需求制定有针对性的开发策略，以促进汽车的销售。

### 操作指南

采用通过竞争者挖掘新款汽车潜在客户的方法，然后分析客户的具体需求，根据每一个不同的需求制定开发策略，具体步骤如下。

**步骤 01** 收集竞争者的客户信息。在搜索引擎中搜索针对女性客户的新能源汽车品牌相关信息，查看客户画像，图3-19所示为其中某一竞争者的客户画像。

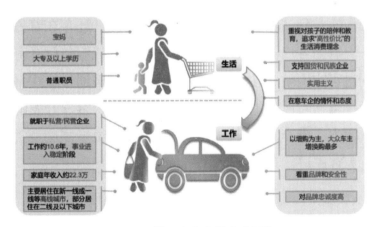

图3-19 某一竞争者的客户画像

**步骤 02** 分析客户需求。从竞争者的客户画像中可以发现，客户的需求主要体现在生理需求——出行，安全需求——看中安全性，归属需求——亲子陪伴，尊重需求——在意车企情怀和态度。

**步骤 03** 制定开发策略。每个需求其实都代表着一个隐形的消费市场，因此，开发策略需要依据需求而定，为每个需求选择合适的营销方法。如表3-3所示。

表3-3　制定开发策略

| 客户需求 | 营销重点 | 营销方法 |
|---|---|---|
| 生理需求 | 新能源汽车的配置、外观、内饰、智能驾驶 | 投放产品广告，并通过促销吸引客户 |
| 安全需求 | 新能源汽车的安全性能，如车灯设计、减震设施等，并强调这些安全设置带给客户的好处 | 邀请达人现身说法，现场试车、出具报告 |
| 归属需求 | 新能源汽车的空间、舒适性、动力等，强调汽车给家庭带来的好处，如方便带孩子出行等 | 开展亲子营销活动 |
| 尊重需求 | 新能源汽车品牌对客户的看重和关怀 | 情感营销为主 |

## 任务三　开发行为客户

### 任务描述

　　小艾敏锐地察觉到，除了那一部分潜在客户外，还存在着另一类不容忽视的市场资源——行为客户。这类客户与企业的产品或服务已经有过一定的行为互动，如访问过官方网站、参与过线下活动，甚至曾通过在线平台咨询等。这些行为客户同样蕴含着巨大的商业价值，应当被纳入客户开发的重点范畴，以进一步挖掘其潜力。老李对小艾的观察力和思考力给予高度赞赏，并详细解释了如何针对行为客户进行有效开发。

### 任务实施

### 👤 活动1　发现客户行为轨迹

　　老李告诉小艾，如果要开发行为客户，关键是善于发现行为客户行动轨迹，把握他们的消费信号，以便及时、准确地提供他们所需的信息和服务。例如，如果行为数据显示某位客户频繁查看某一车型的配置详情，那么企业就应该主动联系，详细介绍该车型的优势，并邀请其参加试驾活动。常见的客户行为轨迹如表3-4所示。

表 3-4 常见的客户行为轨迹

| 行为轨迹 | 行为体现 | 查找轨迹 |
|---|---|---|
| 搜索轨迹 | 搜索、浏览、观看 | 生意参谋、百度、巨量算数等数据分析工具 |
| 社交轨迹 | 关注、点击、点赞、发表、分享、评论、参与活动、二次创作 | 社交媒体平台、App、小程序、H5 |
| 消费轨迹 | 加购、支付下单、重复购买 | 电商平台后台、客服人员反馈 |

## 👤 活动2 明确客户行为分析原则

发现客户行为轨迹后就要对客户行为进行具体分析。分析客户行为不仅有利于市场细分、产品定位和产品开发，还有助于选择更好的营销渠道等。客户行为分析的重要性意味着分析工作不能随意而为，需要遵循一定的原则。

（1）客观性原则

客户行为的分析应当基于客观事实，不管是在搜集资料、分析资料，还是在得出结论时，都不能掺杂任何主观因素，应当实事求是。

（2）发展性原则

客户行为受客户消费观念、消费动机、市场消费趋向等的影响，处在不断变化中。因此，具体分析时，应当用发展的眼光来分析客户行为的变化，并探究客户行为变化的原因，探寻客户行为变化的规律，甚至预测客户未来的行为，以便为企业制定营销策略提供可靠的依据。

（3）科学性原则

对客户行为的分析应当秉持严谨的态度，采用科学的方法。科学抽取具有代表性和可靠性的样本，以反映客户行为的真实情况。正确运用定量和定性分析方法，结合统计分析、案例研究等多种方法，深入总结和分析问题，从而得出科学、准确的结论。

（4）全面性原则

客户行为受各种因素的影响，呈现出不同的面貌。因此，具体分析时应当进行全面、系统的分析研究，以反映客户行为的全貌。

## 👤 活动3　选择客户行为分析方法

从客户的行为中，小艾隐约感受到客户对企业、产品或服务的实际看法。不禁感叹道："古有'以铜为镜，可以正衣冠；以史为镜，可以知兴替；以人为镜，可以明得失'，而现今，以客户行为为镜，也可以知其心，明策略得失。"而且她发现，分析客户行为的方法多样，不同的方法有其独特的优势和适用场景。

### 1. 行为事件分析法

行为事件分析法主要用于研究特定行为事件的发生对客户的影响及其程度，其具体操作步骤如图3-20所示。

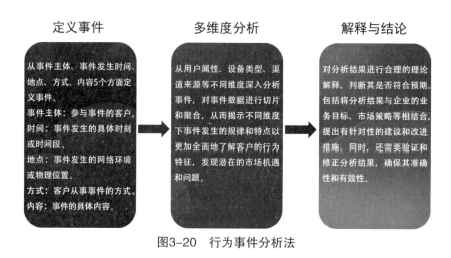

图3-20　行为事件分析法

通过定义和记录关键行为事件（如点击、浏览、购买等），并分析事件，企业可以深入了解客户的行为和消费偏好。

行为事件分析法的优势在于能够实时采集和分析数据，具有强大的筛选、分组和聚合能力，能够快速洞察客户行为的变化和趋势。

但行为事件分析法也存在一定的局限性，如难以准确地分析和解释复杂或难以量化的行为事件、分析结果的准确性和可靠性受分析人员能力的影响等。

### 2. 客户行为路径分析法

客户行为路径分析法是一种深入探究客户在使用产品或服务过程中行为轨迹的方法，侧重于理解和优化客户在特定场景下的行为流程，以增强客户体验并提高转化效率。其应用主要分为两步：收集客户行为数据、构建客户行为路径图。图 3-21、图 3-22 分别是该分析法主要分析的数据、客户行为路径图示例。

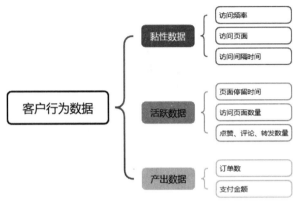

图3-21　主要分析的数据

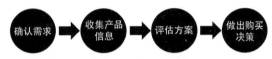

图3-22　客户行为路径图

客户行为路径分析需要基于大量的客户行为数据，有助于企业洞察客户在使用产品或服务过程中的真实体验，并对有问题的环节做出针对性的改进。此外，通过比较和分析不同客户群体的行为路径，还可以发现他们的异同点，从而制定更加精准的市场策略和产品方案。

### 3. 转化漏斗分析法

转化漏斗分析法同样用于追踪和分析客户从接触产品到最终实现转化的整个过程，但与客户行为路径分析法显著不同的是，这种方法的分析重点是每一环节客户的转化率，如将官网新访问客户转化为注册客户占所有新访问客户的百分比。

转化漏斗分析法的核心在于将客户的行为转化路径或转化路径拆解为多个环节，并观察每一环节的转化率。由于每一环节都只有部分客户选择继续（另一部分客户可能流失），因此，通过对比不同环节的客户数量，可以计算每一环节的转化率，进而得知哪些环节存在优化潜力、哪些环节的客户流失数量多、哪些环节客户花费的时间长等，从而优化和改进，以提高客户的整体转化率。图 3-23 所示为客户购买行为转化漏斗示例。

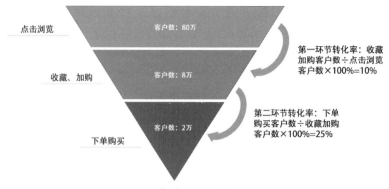

图3-23　客户购买行为转化漏斗示例

**素养小课堂**

　　开发行为客户，方法选择至关重要。正确的方法如明灯，可助开发行动一臂之力；错误的方法则容易使客户开发迷失方向，错失良机。因此，营销人员需要审慎选择。

## 任务实践　总结行为客户开发经验教训

### 实践描述

　　由于缺乏对行为客户的全面认知，新能源汽车品牌深海的开发工作险遭失败。工作结束后，深海立即开始复盘，总结此次行为客户开发的经验教训，以便调整开发策略。表3-5所示为深海的行为客户开发流程。

表3-5　深海的行为客户开发流程

| 流程 | 操作 |
| --- | --- |
| 查看客户行为 | 通过品牌在各大社交媒体平台的官方账号观察客户行为，包括关注、点赞、转发、评论 |
| 分析客户行为 | 使用转化漏斗分析法，直接使用账号的关注粉丝数和汽车销量计算转化率 |

### 操作指南

　　结合整体客户开发流程归纳行为客户的开发流程，将其与深海的进行对比分析，具体操作如下。

**步骤 01** 梳理行为客户开发流程。为了清楚地找到出错的环节，需要重新梳理正确的行为客户开发流程，并明确每一步的大致操作。请在表3-6中准确填写流程。

表3-6 行为客户开发流程

| 流程 | 操作 |
|------|------|
|  |  |
|  |  |
|  |  |

**步骤 02** 总结亮点和不足之处。比较深海的行为客户开发流程和正确的行为客户开发流程后，找出其亮点和不足之处，并填写在表3-7中。

表3-7 总结亮点和不足之处

| 亮点 | 不足 |
|------|------|
| 示例：分析客户行为的方法是对的 | 示例：分析的行为数据不对 |

**步骤 03** 提出改进意见。针对不足之处，提出改进意见。例如，先梳理清楚流程再实施，根据客户购车的流程来确定每阶段需要收集的数据，以确保数据贴合实际且可用。

## 任务四 开发关系客户

### 任务描述

在老李的指导下，小艾逐渐意识到，客户开发不仅是寻找和转化客户的过程，更是与客户建立关系的过程。每一次的有效沟通、每一次的问题解决，都在无形中深化着与客户的联结。这种认识让她对客户开发有了新的理解。

### 任务实施

### 👤 活动1 评估客户关系

客户关系有深有浅、时近时远。相应的，基于不同关系存在的客户，其可开发性也就有所不同。此时，就需要先评估客户关系。

评估主要是为了明确两点信息：一是哪些关系客户值得开发；二是哪些关系客户值得重点开发。通过评估客户关系，企业可以识别高价值的客户，实现资源的优化配置。

评估时，可以结合一些数据指标或客户行为判断客户关系的远近。就数据指标而言，可以利用客户满意度、客户忠诚度、客户互动频率等进行分析；就客户行为而言，可以使用 AIPL 模型分析客户行为进展的程度（详见任务一 AIPL 模型）。

## 活动2　开展关系营销

客户关系的建立以信任为基础，对于企业而言，既要向客户充分展示其综合实力，又要向客户展示其能够创造的价值，以此打动客户。如果要与客户建立长期、稳定的信任关系，就需要开展关系营销。

### 1. 关系营销的基本特征

关系营销是指企业与客户及其他利益相关者建立并维持长期的令人满意的关系，以维持业务的营销过程，具有 5 个基本特征，如表 3-8 所示。

表 3-8　关系营销的基本特征

| 基本特征 | 详细描述 |
| --- | --- |
| 双向沟通 | 互动频繁，存在广泛的信息交流和信息共享 |
| 合作 | 强调合作与协同、共同创造价值和解决问题 |
| 双赢 | 追求互利共赢，企业与客户在合作过程中都能获得利益 |
| 亲密 | 致力于建立和维护与客户之间的亲密关系 |
| 控制 | 要求企业建立专门的部门来跟踪客户，以了解关系的动态变化 |

### 2. 关系营销策略

关系营销关注客户关系的建立与维护，通过关系营销，可以为企业培育优质客户，带来持续的重复购买。但要想做好关系营销，需要选对策略。

- **个性化营销**。个性化营销可以从两个方面进行：一是根据客户的需求和偏好，定制营销活动和推广方式；二是通过分析客户的兴趣偏好、购买历史和行为数据，有针对性地向客户推荐产品或服务，并提供专属优惠。

- **社交媒体营销。**通过社交媒体平台向客户提供有价值、有趣的内容，并与客户互动，建立信任与客户忠诚度。
- **优惠激励。**通过提供积分（可用于兑换礼品、抵扣部分现金等）、折扣、赠品、奖品等，激励客户继续购买、分享产品或服务，同时吸引更多的新客户。
- **定期沟通。**定期与客户保持联系，加深客户对企业的印象。
- **会员营销。**推出会员计划，搭建会员体系，提供会员特权和会员福利。

## 任务实践　分析新能源汽车关系客户开发案例

### 实践描述

近日，深海参与了新一届新能源汽车行业交流会。会上，同行 EcoDrive 的关系客户开发案例给深海带来了深刻启发。为学习借鉴 EcoDrive 的关系客户开发思路，优化自身客户开发策略，深海组织客户开发部门全体成员深入分析 EcoDrive 的关系客户开发案例。案例内容如下。

#### EcoDrive：以精准策略驱动价值共创

在新能源汽车领域，EcoDrive 凭借精妙的关系营销策略，成功建立起深厚且活跃的客户关系，实现了品牌忠诚度与市场份额的双重提高。

一、关系客户的精准捕捉：量化关系，识别关键影响因素

数据驱动的客户关系模型：EcoDrive 利用 AI 算法与大数据技术，深度解析客户行为、兴趣偏好、社交网络等多维度信息，精确量化每位客户的价值，为关系营销策略制定提供数据支撑。

客户满意度与忠诚度调研：定期进行净推荐值调查、客户满意度调查，以及社交媒体舆情监测，深入了解客户对产品、服务、品牌的态度，识别影响关系质量的关键因素。

二、四维互动：开展全方位互动

1. 个性化沟通与服务

定制化信息推送：基于客户画像与行为数据，推送符合其兴趣与需求的车型资讯、优惠政策、绿色出行指南等内容，提高信息相关度与接受度。

一对一专属服务：设置客户专属关系经理，提供购车咨询、用车指导、保养提醒等全程个性化服务，强化客户感知到的关怀与重视。

2. 社区建设与客户参与

EcoLife 社区平台：搭建线上车主社区，鼓励用户分享驾驶体验、交流绿色生活方式，举

办主题讨论、知识问答等活动，增强客户间的互动与归属感。

客户共创计划：发起"绿色出行创新大赛"，邀请客户提交关于产品改进、服务优化、社区活动等方面的建议，优秀提案予以实施并奖励，激发客户参与热情与品牌忠诚度。

3.增值权益与激励机制

会员体系：设立EcoClub会员计划，会员享有优先试驾、专属折扣、免费保养、充电优惠等特权，通过等级晋升与积分兑换进一步刺激复购与推荐行为。

口碑营销奖励：实施"Eco代言人"计划，鼓励客户在社交媒体分享购车经历、推荐好友购车，对产生有效销售线索或促成交易的客户给予丰厚奖励。

4.全渠道融合与体验优化

一体化购车平台：EcoDrive推出集车型展示、在线咨询、预约试驾、金融方案定制、订单跟踪于一体的数字化购车平台，实现客户足不出户即可完成购车全流程，大幅提升购买便利性。

智能化售后服务：依托智能车联网技术，EcoDrive提供远程诊断、故障预警、一键救援等智能化售后服务，同时设立城市快修中心与移动服务车，确保客户随时随地享受高效、专业的售后支持。

## 操作指南

依次分析客户关系、客户关系评估、关系营销策略的制定，具体步骤如下。

**步骤 01** 分析客户关系的转变。案例中，EcoDrive与客户之间的关系不断加深，从简单的买卖关系上升到共建共创的合作伙伴关系。

**步骤 02** 评估客户关系。EcoDrive运用AI算法与大数据技术精准量化客户的价值，并通过客户满意度与忠诚度调研深入把握客户关系。

**步骤 03** 分析关系营销策略。EcoDrive的关系营销从内容、渠道、权益、活动、服务5个方面进行。一是定制化信息推送引起客户的购车兴趣，并维护客户关系；二是搭建线上社区，增强客户互动；三是通过搭建会员体系赠送专属权益，提高客户忠诚度；四是开展共创计划、口碑营销等活动，增强客户的情感认同和品牌归属感；五是通过配套的、全链路的服务体验优化客户购车路径，降低客户售后顾虑。

**步骤 04** 总结关系客户开发启示。EcoDrive关系客户的开发，不同以往的传统营销模式，而是与客户深度联结、共创价值的新范式。在技术运用、策略制定、关系监测等方面具有重要参考价值，具体如表3-9所示。

表 3-9 总结关系客户开发启示

| 项目 | 具体内容 | 作用 |
|---|---|---|
| 技术运用 | 不管是客户价值的评估，还是信息的推送、数字化购车平台的构建，以及智能化售后服务，均运用了数字技术 | 提高工作效率、精准营销、优化客户服务体验 |
| 策略制定 | 从点到面<br>点：针对个人实施有针对性的营销策略<br>面：全方位链接客户关系 | 增强客户参与感，提高客户忠诚度和满意度 |
| 关系监测 | 定期调研客户 | 随时掌握客户关系变化，优化客户服务体验 |

## 知识拓展 PRAM模式

在客户开发中，PRAM 模式也比较常用。PRAM 模式将客户开发作为与客户的谈判，让客户像己方一样看待谈判工作，共同为达成目标的一致而努力。其中，P 表示计划（Plan），R 表示关系（Relationship），A 表示协议（Agreement），M 表示维持（Maintenance）。它包括图 3-24 所示的 4 个步骤。

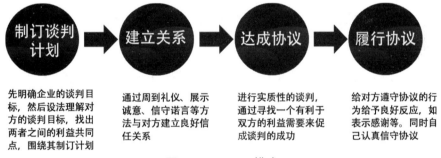

图3-24 PRAM模式

## 同步练习

### 1. 单选题

（1）客户关系快速发展的阶段是（　　）。

 A. 考察期　　　　B. 稳定期　　　　C. 形成期　　　　D. 退化期

（2）客户开发是要（　　）。

 A. 将目标客户转化为消费者　　　　B. 将受众转化为客户

 C. 将受众转化为消费者　　　　D. 将目标客户转化为顾客

（3）潜在客户必须具备的两大要素是（　　　）。

　　A. 有需求、尚未购买　　　　　　　B. 有需求、有购买力

　　C. 有购买力、可能购买　　　　　　D. 有购买力、尚未购买

### 2. 多选题

（1）某食品品牌要开发线上数字客户，它需要（　　　）。

　　A. 制订可行的开发计划　　　　　　B. 建立客户关系

　　C. 与客户达成共识　　　　　　　　D. 维护客户关系

（2）数据监测显示，某客户关注品牌小红书账号后，总是观看品牌发布的短视频和图文笔记，并经常点赞、加购产品。该客户的行为经历了哪些阶段？（　　　）

　　A. 认知　　　　　　B. 兴趣　　　　　　C. 购买　　　　　　D. 忠诚

（3）某手机品牌的 CEO 在年度分享大会上分享了品牌成功的经验，其中一点就是关系营销。他提到，关系营销让品牌和客户之间实现了信息互通，也让客户得以参与到品牌的产品设计，使得双方获益。该 CEO 提到了关系营销的哪些特征？（　　　）

　　A. 双向沟通　　　　　B. 合作　　　　　C. 双赢　　　　　D. 亲密

### 3. 判断题

（1）客户进入生命周期的退化阶段后，对于企业而言，就丧失了价值。

（　　　）

（2）行为客户有可能是潜在客户。　　　　　　　　　　　（　　　）

（3）关系客户的开发不重要。　　　　　　　　　　　　　（　　　）

### 4. 简答题

（1）简述客户开发的流程。

（2）简述潜在客户的需求有哪些。

（3）简述行为事件分析法的使用方法。

（4）简述关系客户开发的流程。

### 5. 操作题

（1）某智能家电品牌的营销团队计划进行新一轮的潜在客户开发活动。目标是在接下来的 3 个月内，针对小家电目标市场，获取至少 500 名高质量的潜

在客户，并提高品牌知名度。请在网络上搜索竞争者的客户信息，依次确定该品牌的潜在客户，并制定一份潜在客户开发策略。

（2）某在线购物平台希望通过分析客户行为，开发并吸引更多的行为客户。请结合自己在淘宝、京东等电商平台网购的经验，使用客户行为路径分析法拆解自身的行为数据，并绘制一条行为路径，以供该平台参考。

# 项目四

## 数字化留存营销

**职场情境**

　　近期，小艾接到一个需独自完成的项目——为C品牌量身定制一套数字客户留存营销策略。该品牌拥有庞大的客户群体，但不同客户的价值不同。老李留意到小艾的新任务，建议小艾先识别客户价值，找出高价值客户，再针对不同价值的客户开展分层营销，避免"一刀切"。为更好地帮助小艾完成任务，在开展项目前，老李给小艾讲解了客户价值评估和留存策略方面的知识。

**学习目标**

#### 知识目标

1. 说出常见的客户价值构成要素。

2. 列举 RFM 模型的使用方法。

3. 归纳新客户的留存方法。

4. 归纳活跃客户的留存方法。

5. 归纳唤醒流失客户的方法。

#### 技能目标

1. 能够使用 RFM 模型评估客户价值。

2. 能够针对不同价值的客户采取不同的留存手段。

#### 素质目标

1. 尊重客户，真诚对待每一位客户。

2. 培养客户服务意识，关注客户需求，提供个性化解决方案。

## 项目导入

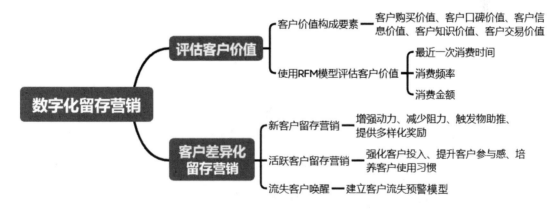

## 任务一　评估客户价值

### 任务描述

　　老李告诉小艾，只有科学评估每位客户对品牌的实际贡献和潜在价值，才能确保营销资源精准投向那些较高价值或潜在高价值的客户，提高整体的投入产出比。为此，他准备详细地为小艾讲解与客户价值评估相关的知识，以便她有针对性地制定数字客户留存营销策略。

**任务实施**

### 👤 活动1　客户价值构成要素

老李说，客户价值是客户为企业所做的利润贡献。利润贡献高，则客户价值高；利润贡献低，则客户价值低。一般来说，客户价值的构成要素主要包括5个方面。

- **客户购买价值。** 即客户直接购买企业产品为企业带来的利润总和。例如，某客户在某电子品牌官网购买了一款价格为7999元的笔记本电脑、1999元的耳机，每款产品可为企业带来30%的纯利润。该客户的价值＝7999×30%+1999×30%=2999.4（元）。

- **客户口碑价值。** 即客户向他人推荐、宣传企业产品或品牌而创造的价值。例如，某客户非常信任某款大米，主动向亲朋好友、同事推荐该款大米，最后有10个人在推荐下购买了该款大米。这10个人为企业带来的利润就是客户口碑价值。

- **客户信息价值。** 即客户为企业提供的基本信息的价值，包括客户无偿提供的信息（如昵称、手机号、微信号等基本信息）、企业与客户互动过程中客户通过各种方式提供的信息（如意见、建议、评价等）。

- **客户知识价值。** 客户知识即企业在与客户互动的过程中所需要和创造的知识，包括客户需要的知识（如产品信息）、关于客户的知识（如客户特征、需求、偏好、交易历史等）、来自客户的知识（如客户的关系网）。这些知识为企业带来的直接或间接利益就是客户知识价值。

- **客户交易价值。** 即企业通过与客户的交易所获取的直接或间接的利润，可以是联合销售，也可以是转卖等。

### 👤 活动2　使用RFM模型评估客户价值

老李建议小艾使用RFM模型评估客户价值，并告诉她，RFM模型是评估客户价值的重要工具，通过精细分析客户数据，为企业提供了一种科学、系统的方法来识别并判断客户的价值高低，从而实现精准营销。

拓展阅读

使用RFM模型进行
客户分层

#### 1. 认识RFM模型

RFM模型包含3个维度，具体如表4-1所示。

表 4-1　RFM 模型

| 维度 | 数据指标 | 具体内容 |
|---|---|---|
| R | 最近一次消费时间（Recency） | 此指标需要与当前时间相减，从而转化为客户最近一次消费时间与当前时间的时间间隔。间隔越短，R 值越低客户价值越高；相反，间隔越长，R 值越高，客户价值越低 |
| F | 消费频率（Frequency） | 客户在指定时期内重复购买的次数。次数越多，客户价值越高；次数越少，客户价值越低 |
| M | 消费金额（Monetary） | 客户在指定时期内的消费金额。金额越多，客户价值越高；金额越少，客户价值越低 |

### 2. 判断客户价值高低

RFM 模型有助于识别优质客户，帮助企业根据不同价值的客户制定个性化的营销策略，为营销决策提供有力支持。利用 RFM 模型分析客户价值时，需要根据 RFM 模型的 3 个维度，将每个维度划分为多个评价级别，综合评价客户的价值大小，具体评判标准和结果如表 4-2 所示。

表 4-2　评价客户价值

| R | F | M | 客户价值 |
|---|---|---|---|
| 低 | 高 | 高 | 客户价值高，且对企业忠诚度高、活跃度高 |
| 低 | 高 | 高 | |
| 低 | 低 | 高 | 客户价值较高，但趋于流失或正在流失，活跃度有所降低 |
| 低 | 低 | 高 | |
| 高 | 高 | 低 | 客户价值中等，很多是新客户 |
| 高 | 低 | 低 | |
| 高 | 高 | 低 | 客户价值低 |
| 高 | 低 | 低 | |

📝 **素养小课堂**

虽然客户的价值有高低，采用的营销方法也不同，但是企业不应区别对待客户，将客户服务分为三六九等，而应当以同样的标准和服务态度来认真对待每位客户。

## 任务实践 识别零食品牌的高价值客户

### 实践描述

近日，零食品牌淘气商店计划推出会员制度，并给予会员在零食价格、权益上的特权，以维护具有较高及高价值的客户，持续激发客户的消费热情。为更好地评估客户价值，淘气商店将以 R、F、M 各维度的平均值作为衡量标准，其中，R 值低于平均值的判定为高，F 值和 M 值高于平均值的判定为高。

### 操作指南

#### 1. 完成客户评估的准备工作

计算时间间隔和 R、F、M 各维度平均值，具体操作如下。

微课视频

识别零食品牌的
高价值客户

**步骤 01** 计算时间间隔。在 Excel 2016 中打开"客户数据.xlsx"素材文件（配套资源\素材\项目四\客户数据.xlsx），在 G1 单元格中输入"时间间隔/天"，选择 G2:G61 单元格区域，在编辑栏中输入"=TODAY()-F2"，将当前时间（操作时间为 5 月 17 日）减去上次交易的时间，按【Ctrl+Enter】组合键得到时间间隔数据，如图 4-1 所示。

| G2 | ▼ | : | × ✓ | fx | =TODAY()-F2 | | | | |
|---|---|---|---|---|---|---|---|---|---|
| ▲ | A | B | C | D | E | F | G | H | I |
| 1 | 客户姓名 | 性别 | 年龄 | 消费频率/次 | 消费金额/元 | 最近一次消费时间 | 时间间隔/天 | | |
| 2 | 李妍 | 女 | 19 | 1 | 118.0 | 2024/5/16 | 1.00 | | |
| 3 | 徐允和 | 男 | 21 | 1 | 221.0 | 2024/3/2 | 76.00 | | |
| 4 | 安月 | 女 | 32 | 1 | 254.0 | 2023/9/14 | 246.00 | | |
| 5 | 葛亮芳 | 女 | 25 | 1 | 160.0 | 2023/10/16 | 214.00 | | |
| 6 | 倪霞媛 | 女 | 31 | 3 | 269.0 | 2024/2/25 | 82.00 | | |
| 7 | 蔡可 | 男 | 19 | 3 | 248.0 | 2023/7/29 | 293.00 | | |
| 8 | 姜梦瑶 | 女 | 27 | 1 | 183.0 | 2024/5/7 | 10.00 | | |
| 9 | 汪娟昭 | 女 | 26 | 2 | 132.0 | 2023/12/31 | 138.00 | | |

图4-1 计算时间间隔

**步骤 02** 计算所有客户各个维度数据的平均值。在 C62 单元格中输入"平均值"，按住【Ctrl】键不放，依次选择 D62、E62 和 G62 单元格，在编辑栏中输入"=AVERAGE(G2:G61)"，按【Ctrl+Enter】组合键计算每位客户交易次数、交易金额和交易时间间隔的平均值，如图 4-2 所示。

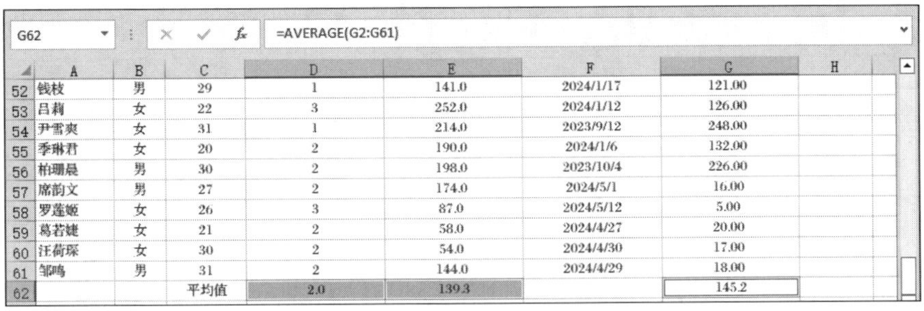

图4-2 计算所有客户各个维度数据的平均值

### 2. 评价客户价值并细分客户

使用 RFM 模型评估客户价值高低并细分客户，具体操作如下。

**步骤 01** 建立表格项目。在H1、I1、J1单元格中分别输入"R""F""M"，用于存放时间间隔、交易次数、交易金额3个维度的判断结果。

**步骤 02** 评价客户时间间隔数据。选择H2:H61单元格区域，在编辑栏中输入"=IF(G2>$G$62,"低","高")"，将每位客户的时间间隔数据与该维度的平均值对比，大于平均时间间隔判断为"低"，小于或等于平均时间间隔判断为"高"，按【Ctrl+Enter】组合键返回结果，如图4-3所示。

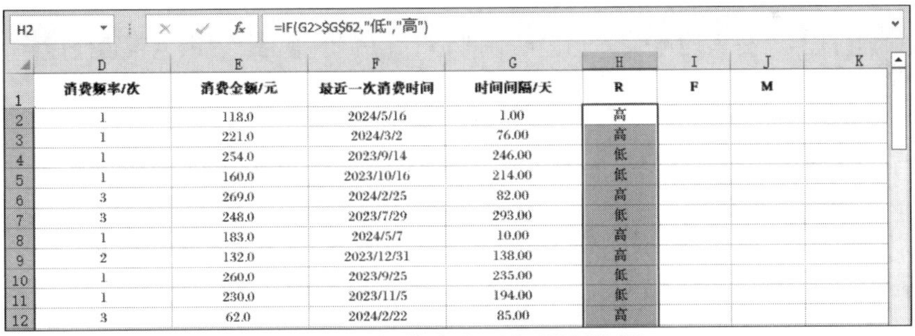

图4-3 评价客户时间间隔数据

**步骤 03** 评价客户消费频率数据。选择I2:I61单元格区域，在编辑栏中输入"=IF(D2>=$D$62,"高","低")"，将每位客户的消费频率数据与该维度的平均值对比，大于或等于平均消费频率判断为"高"，小于平均消费频率判断为"低"，按【Ctrl+Enter】组合键返回结果，如图4-4所示。

**步骤 04** 评价客户消费金额数据。选择J2:J61单元格区域，在编辑栏中输入"=IF(E2>=$E$62,"高","低")"，将每位客户的消费金额数据与该维度的平均值对比，大于或等于平均消费金额判断为"高"，小于平均消费金额判断为"低"，按【Ctrl+Enter】组合键返回结果，如图4-5所示。

| | I2 | | : | × | ✓ | fx | =IF(D2>=$D$62,"高","低") | | | | | |
|---|---|---|---|---|---|---|---|---|---|---|---|---|
| | C | D | | E | | F | | G | H | I | J |
| 1 | 年龄 | 消费频率/次 | | 消费金额/元 | | 最近一次消费时间 | | 时间间隔/天 | R | F | M |
| 2 | 19 | 1 | | 118.0 | | 2024/5/16 | | 1.00 | 高 | 低 | |
| 3 | 21 | 1 | | 221.0 | | 2024/3/2 | | 76.00 | 高 | 低 | |
| 4 | 32 | 1 | | 254.0 | | 2023/9/14 | | 246.00 | 低 | 低 | |
| 5 | 25 | 1 | | 160.0 | | 2023/10/16 | | 214.00 | 低 | 低 | |
| 6 | 31 | 3 | | 269.0 | | 2024/2/25 | | 82.00 | 高 | 高 | |
| 7 | 19 | 3 | | 248.0 | | 2023/7/29 | | 293.00 | 低 | 高 | |
| 8 | 27 | 1 | | 183.0 | | 2024/5/7 | | 10.00 | 高 | 低 | |
| 9 | 26 | 2 | | 132.0 | | 2023/12/31 | | 138.00 | 高 | 低 | |

图4-4　评价客户交易次数数据

| | J2 | | : | × | ✓ | fx | =IF(E2>=$E$62,"高","低") | | | | | |
|---|---|---|---|---|---|---|---|---|---|---|---|---|
| | C | D | | E | | F | | G | H | I | J |
| 1 | 年龄 | 消费频率/次 | | 消费金额/元 | | 最近一次消费时间 | | 时间间隔/天 | R | F | M |
| 2 | 19 | 1 | | 118.0 | | 2024/5/16 | | 1.00 | 高 | 低 | 低 |
| 3 | 21 | 1 | | 221.0 | | 2024/3/2 | | 76.00 | 高 | 低 | 高 |
| 4 | 32 | 1 | | 254.0 | | 2023/9/14 | | 246.00 | 低 | 低 | 高 |
| 5 | 25 | 1 | | 160.0 | | 2023/10/16 | | 214.00 | 低 | 低 | 高 |
| 6 | 31 | 3 | | 269.0 | | 2024/2/25 | | 82.00 | 高 | 高 | 高 |
| 7 | 19 | 3 | | 248.0 | | 2023/7/29 | | 293.00 | 低 | 高 | 高 |
| 8 | 27 | 1 | | 183.0 | | 2024/5/7 | | 10.00 | 高 | 低 | 高 |
| 9 | 26 | 2 | | 132.0 | | 2023/12/31 | | 138.00 | 高 | 低 | 低 |
| 10 | 23 | 1 | | 260.0 | | 2023/9/25 | | 235.00 | 低 | 低 | 高 |

图4-5　评价客户交易金额数据

**步骤 05** 客户细分。在K1单元格输入"客户价值"，根据维度评价结果利用IF函数来判断客户价值，选择K2:K61单元格区域，在编辑栏中输入"=IF(AND(H2="高",I2="高",J2="高"),"客户价值高",IF(AND(H2="低",I2="高",J2="高"),"客户价值高",IF(AND(H2="高",I2="低",J2="高"),"客户价值较高",IF(AND(H2="低",I2="低",J2="高"),"客户价值较高",IF(AND(H2="高",I2="高",J2="低"),"客户价值中等",IF(AND(H2="高",I2="低",J2="低"),"客户价值中等","客户价值低"))))))"，按【Ctrl+Enter】组合键返回判断结果，如图4-6所示（配套资源:\效果\项目四\客户价值细分.xlsx）。

| | | : | × | ✓ | fx | =IF(AND(H2="高",I2="高",J2="高"),"客户价值高",IF(AND(H2="低",I2="高",J2="高"),"客户价值高",IF(AND(H2="高",I2="低",J2="高"),"客户价值较高",IF(AND(H2="低",I2="低",J2="高"),"客户价值较高",IF(AND(H2="高",I2="高",J2="低"),"客户价值中等",IF(AND(H2="高",I2="低",J2="低"),"客户价值中等","客户价值低")))))) | | | | | |
|---|---|---|---|---|---|---|---|---|---|---|---|
| | D | E | | F | | G | H | I | J | K | L |
| | 消费频率/次 | 消费金额/元 | | 最近一次消费时间 | | 时间间隔/天 | R | F | M | 客户价值 |
| | 1 | 118.0 | | 2024/5/16 | | 1.00 | 高 | 低 | 低 | 客户价值中等 |
| | 1 | 221.0 | | 2024/3/2 | | 76.00 | 高 | 低 | 高 | 客户价值较高 |
| | 1 | 254.0 | | 2023/9/14 | | 246.00 | 低 | 低 | 高 | 客户价值较高 |
| | 1 | 160.0 | | 2023/10/16 | | 214.00 | 低 | 低 | 高 | 客户价值较高 |
| | 3 | 269.0 | | 2024/2/25 | | 82.00 | 高 | 高 | 高 | 客户价值高 |
| | 3 | 248.0 | | 2023/7/29 | | 293.00 | 低 | 高 | 高 | 客户价值高 |
| | 1 | 183.0 | | 2024/5/7 | | 10.00 | 高 | 低 | 低 | 客户价值中等 |
| | 2 | 132.0 | | 2023/12/31 | | 138.00 | 高 | 低 | 低 | 客户价值中等 |

图4-6　客户价值细分

## 任务二 客户差异化留存营销

### 任务描述

老李清点 RFM 模型中的高价值客户和较高价值客户后，告诉小艾这些客户便是她要留存的对象。所谓留存，是指企业在一段时间内留住客户的能力。尽管这些客户的价值都比较高，但他们在消费状态上有区别，有的是首次购买的新客户，有的是经常购买的活跃客户，还有的是很长一段时间没有购买的流失客户，需要根据客户不同的消费状态设计有针对性的留存策略。

### 任务实施

### 活动1 新客户留存营销

老李告诉小艾，新客户作为首次使用企业产品或服务的客户，虽然当前价值中等，但一旦留存得当，很有可能转变为高价值客户。常见的新客户留存营销方法主要有 4 种。

#### 1. 增强动力

动力是指客户的需求强度，增强动力即指采取一定的措施强化客户需求，促使其立即做出消费决策。常见方式如下所示。

（1）发放新客户专属优惠

即设置只有新客户可以享受的优惠，以刺激新客户消费。该优惠的设置一般与营销目标相关，且需要新客户付出一定的代价，以免新客户领取红包后快速流失。

例如，某网络视频平台为吸引更多客户购买会员，针对新客户推出前 3 个月每月 9.9 元的优惠（原价每月 25 元）。对于未曾使用过该网络视频平台的新客户而言，如果要享受这一优惠，需要向平台提供手机号码（注册使用），以便平台随时推送营销信息，如图 4-7 所示。

（2）主动告知权益

主动告知权益即在客户首次使用产品或服务时，主动向客户说明使用产品或服务可以获得的好处，以提升新客户的好感。例如，上述网络视频平台在新客户注册登录时，会通过《用户协议》告知客户使用平台服务可以享受的权益，以及需要遵守的条款等，部分如图 4-8 所示。

图4-7　提供手机号　　　　　图4-8　《用户协议》

（3）个性化产品体验

个性化产品体验一般是为不同的客户提供不同的产品体验。例如，很多企业推出的社交类 App 在新客户首次注册使用时，会提供内容标签供客户选择，待客户根据喜好选择好内容标签后，根据客户的选择结果向其推送有针对性的内容。

### 2. 减少阻力

阻力是指客户满足需求需要付出的成本，包括时间成本、金钱成本、精力成本等。适当减少阻力，可以优化客户服务体验，增强客户的留存概率。减少阻力常见措施如表 4-3 所示。

表 4-3　减少阻力

| 措施 | 示例 |
| --- | --- |
| 流程化繁为简，去除非必要步骤 | 软件注册、登录方式设置为微信扫码、手机号一键注册登录或手机号码＋验证码注册登录 |
| 提供默认设置选项 | 支付时，提供默认支付方式、默认收货地址等 |

（续表）

| 措施 | 示例 |
| --- | --- |
| 提供使用指导 | 客户首次使用时，通过文字演示、视频展示等帮助客户顺畅使用产品 |
| 避免提供过多选择 | 仅提供5个通信优惠套餐供客户选择，套餐售价呈阶梯式上升，售价越高，可享受的权益越多 |

### 3. 触发物助推

触发物是指刺激客户做出消费决策的提示，可以是优惠消息或产品上新通知等。触发物一般对客户有益，常见的类型如下所示。

- **刺激型触发物**。多为优惠、折扣、降价信息，可用于刺激行动力很强但动机不足的客户采取行动。
- **信号型触发物**。多为产品上新、升级、好友行动通知等，可用于引导行动力和动机都很强的客户沿着信号提示采取行动。
- **协助型触发物**。即辅助客户采取行动的提示，多为注册或登录提示、关注提示、进展提示等，可用于刺激动机很强但行动力不足的客户采取行动。
- **内驱型触发物**。内驱型触发物可以激发客户潜在的内心情感，在心理的驱使下激发客户的长期使用行为，如承诺、身份认同等。

### 4. 提供多样化奖励

奖励可以增强客户的好感，刺激客户重复消费。企业常用的奖励如下所示。

- **实际奖励**。即客户完成注册、支付等行为后获得的、真实可用的奖励，如满减红包、小礼品等。
- **身份奖励**。通常是搭建积分或会员等级体系，并将等级与客户权益关联起来，以激发客户的参与热情。例如，淘宝根据客户积分推出88VIP会员制度，只有购物积分达到1000分的客户才有资格开通88VIP会员，并享受会员权益。
- **权限奖励**。即通过给予客户一定的权限激励客户。例如，某主题乐园针对客户群体推出年卡制度，其中，基础年卡可以预约非工作日入园，最高级年卡可以预约任意一天入园，且可获得美食券。

### 👤 活动2　活跃客户留存营销

老李接着说，活跃客户是在一定时间范围内活跃度比较高的客户，具体表现为近期购买过企业产品、近期与企业交流互动过等。在客户留存策略中，活跃客户的维系至关重要，只有保持一定的活跃度，才能够不断提高客户对企业的忠诚度，为企业创造更大价值。

#### 1. 强化客户投入

客户投入的多少，不仅是衡量其与企业关系是否紧密的重要标尺，更是评估其转移成本高低、决定其离企难易程度的主要因素之一。通常情况下，客户投入越多（包括时间投入、金钱投入及情感投入等），其与企业之间的绑定关系就越为牢固，离开企业的可能性也就相对更低。

为此，企业应积极引导和激发客户在时间、金钱、情感等方面深度投入，不断提升客户的转移成本，巩固客户关系，从而有效提升客户留存率。

#### 2. 提升客户参与感

客户参与感越高，对企业的黏性会越强，就越不容易离开企业。提升客户参与感的方法很多，如让客户参与产品设计、邀请客户开展互动活动、给予客户"品牌形象大使"荣誉称号等。

#### 3. 培养客户使用习惯

客户使用企业产品或服务一旦成为习惯，一般不会轻易离开，可以通过签到奖励、积分奖励、任务奖励等刺激客户持续使用产品或服务。

### 👤 活动3　流失客户唤醒

对于流失客户，老李表示，他们是那些曾经使用过企业产品或服务，但因维护不善，逐渐不再使用产品或服务的客户。客户流失的原因很多，但通常是产品或服务体验效果不佳，或者缺乏需求。

如果要挽回客户，通常需要花费大量的精力。此时，企业可以建立客户流失预警模型，实时监测客户的流失情况。客户流失预警模型的构建通常分为两个步骤：定义流失客户（如3个月内未发生交易定义为流失客户）→模型开发（根据客户的行为数据预测客户未来多久会流失，如根据客户交易的时间间隔）。待使用客户流失预警模型筛选出客户有流失倾向的客户后，就需要分析客户流失的原因，并采取召回策略，如推送优惠信息、短信或电话关怀、精准投放营销广告等。

## 任务实践 制定零食品牌新客户留存营销策略

### 实践描述

淘气商店最近名气大增，引入了很多新客户，为促进客户留存，淘气商店需要策划相应的新客户留存策略。

### 操作指南

先分析其他零食品牌的新客户留存营销策略，然后从新客户留存的4个方面来策划，具体操作如下。

**步骤 01** 策略研究。淘气商店研究了其他品牌的新客户留存策略，主要包括产品、价格、优惠设置等方面，如下为汇总结果。

策略1：新客户下单后，通过电商平台在线消息窗口推送其他产品信息。每次新零食上新会通过短信、社交媒体平台、电商平台推送产品上新信息，并且会在微博开展抽奖活动，活动奖品为新零食。

策略2：推出新客户专属优惠活动，如新客户购买立减11元。每次开展优惠活动，都会通过短信、电商平台推送优惠活动信息，刺激客户复购。

策略3：提供零食大礼包套餐，其中包含品牌热销的零食，以供不熟悉品牌产品的新客户购买。

策略4：鼓励新客户注册会员，注册时需提供手机号码。注册成功后，新客户每次购买产品可积分，积分达到一定额度后，可用于兑换礼品或优惠券。

**步骤 02** 制定策略。淘气商店将收集的信息与本品牌的实际情况联系起来，制定表4-4所示的新客户留存策略。

**表4-4 新客户留存策略**

| 方法 | 具体实施 |
|---|---|
| 增强动力 | 发放新客户专属优惠，由于零食的价格不高，且不同客户喜欢的零食不一样，这里将专属优惠券设置为现金优惠，而不是产品，金额为3元 |
| 减少阻力 | 将现金优惠设置为新客户专属红包，并将红包链接放置在产品详情页位置，新客户下单购买产品，可自动享受抵扣3元的优惠 |

（续表）

| 方法 | 具体实施 |
|---|---|
| 触发物助推 | 新客户下单后，通过短信、电商平台持续发布产品上新、优惠信息 |
| 提供多样化奖励 | 新客户支付后，发送会员相关信息，刺激新客户持续复购成为会员 |

## 知识拓展 顿悟时刻和Hook模型

### 1. 顿悟时刻

顿悟时刻是指通过某种行为或操作路径满足客户需求，让客户亲身体会产品或服务给自身带来的好处，以增强客户的留存意愿。如果某产品或服务需要花费较长时间才能让客户进入顿悟时刻，则可以提前设置顿悟时刻。

例如，从选择汽车到购买汽车之间通常需要花费较长的时间，汽车品牌会在直营店或4S店中设置体验现场，让客户通过上车体验的方式感受汽车的良好性能。

### 2. Hook模型

Hook 模型即上瘾模型，它可以揭示客户对产品或服务产生持续依赖的 4 个关键步骤：触发（Triggr）、行动（Action）、奖励（Reward）、投入（Investment）。Hook 模型通过这 4 个关键步骤促使客户在行为上形成闭环（即形成一个完整的链条），激励客户成为回头客，如图 4-9 所示。

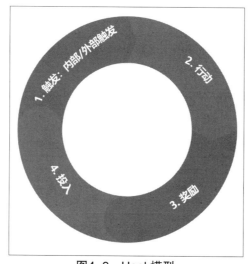

图4-9　Hook模型

# 同步练习

## 1. 单选题

（1）某客户近一个月在某服装店花费了 856 元，该客户为服装店提供的价值是（　　）。

  A. 客户购买价值     B. 客户口碑价值

  C. 客户信息价值     D. 客户知识价值

（2）以下关于 RFM 模型的说法正确的是（　　）。

  A. R 值越高，客户的价值越高

  B. F 值越低，客户的价值越高

  C. M 值越高，客户价值越低

  D. R 值越低、F 值越高、M 值越高，客户价值越高

（3）某客户近一个月经常购买某品牌的产品，并频繁在微博上与品牌互动，该客户属于（　　）。

  A. 新客户       B. 活跃客户

  C. 流失客户      D. 以上都不是

## 2. 多选题

（1）增强客户购买需求的方法有哪些？（　　）

  A. 发放新客户专属优惠   B. 解释原因

  C. 提供个性化产品体验   D. 强化客户投入

（2）零食品牌"藕度"需要采取一些措施来维护活跃客户，它可以采取哪些措施？（　　）

  A. 强化客户在时间、情感上的投入

  B. 亲切地称呼客户为"藕粉"

  C. 培养客户的签到习惯，给予长期签到的客户一定的奖励

  D. 设计积分体系，给予积分达到一定数值的客户奖励

（3）某品牌的客户最近流失了很多，该品牌想要采取一些措施挽回客户，某可以采取哪些措施？（　　）

  A. 根据客户意见，进行产品升级，通过提供优质产品挽回客户

B. 定义流失客户，建立客户流失预警模型，针对流失客户中具有较高价值的客户采取唤醒措施

C. 通过电话邀请客户参与品牌优惠活动

D. 通过调查问卷询问客户离开的原因

### 3. 判断题

（1）活跃客户有可能发展为流失客户。　　　　　　　　（　　　）

（2）所有客户对于企业而言都是有价值的。　　　　　　　（　　　）

（3）只要采取了留存策略，客户就一定会得到很好的留存。（　　　）

### 4. 简答题

（1）简要说明客户价值的构成要素有哪些。

（2）简要说明 RFM 模型的含义和用法。

（3）简要说明新客户留存的方法。

（4）简要说明活跃客户留存的方法。

（5）简要说明流失客户挽回的方法。

### 5. 操作题

（1）某网络视频平台准备在原有会员的基础上，推出超级会员。现需要找出原有年度会员中价值更高的，向其发送升级为超级会员的信息。使用 RFM 模型，找出 F 值高于平均值、M 值高于平均值的会员。（配套资源：\素材\项目四\会员数据 .xlsx）

（2）假设某短视频达人积累了一批客户，该达人的短视频内容多与乡村生活分享有关。该达人发现，有一批客户经常在评论区与他互动，并点赞。他想要留住这些客户，并提升客户的活跃度，请为该短视频达人策划活跃客户留存策略。（提示：从强化客户投入、提升客户参与感、培养客户使用习惯 3 个方面来策划）

# 项目五

## 数字化营销转化

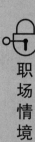

职场情境

　　小艾辅助A品牌实现营销转化的工作完成得非常出色，于是老李邀请她向同事分享成功的经验。小艾首先提及了本次工作中新发现的一个现象：众多品牌的委托重点都集中在提升产品销售额，强调投入能够迅速带来回报。基于这一现象，她开始收集与营销转化相关的信息，包括产品信息、客户信息等，做好充足的准备，然后积极探索多种可行且转化速度快的数字化营销转化方式。

学习目标

## 知识目标

1. 说出营销转化的准备工作。

2. 辨认 App 的营销转化方式。

3. 列举小程序的营销转化方式。

4. 归纳社群的营销转化方式。

5. 归纳直播的营销转化方式。

## 技能目标

1. 能够独立完成 App、小程序、社群或直播的营销转化。

2. 能够综合使用多种营销转化方式。

## 素质目标

1. 坚定文化自信，能够从优秀传统文化中汲取创作灵感，在营销中弘扬优秀传统文化。

2. 与时俱进，实时了解行业相关信息，把握营销风口。

## 项目导入

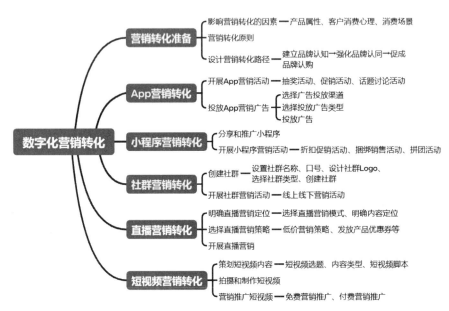

# 任务一　营销转化准备

## 任务描述

　　小艾说，她之所以能够辅助 A 品牌成功实现营销转化，很大程度上是准备工作到位。准备工作帮助她了解清楚 A 品牌、品牌客户及营销转化环境的整体情况，为她后续工作的开展奠定了良好基础。

## 任务实施

### 活动1　影响营销转化的因素

　　万事开头难。小艾说，其实一开始她也没有头绪，是老李告诉她，营销转化的作用在于通过有效的营销手段促使客户完成实际注册或购买等行为。这一过程中，客户的购买决策并非瞬时形成，而是历经对产品价值的审慎考量。其中，产品属性、客户消费心理及消费场景等，是影响营销转化的关键因素。

#### 1. 产品属性

　　产品属性包括产品品类、品牌、价格、优惠、功能、销量、评价等，是客户评估产品价值的基础，直接体现出产品在市场中的竞争力和吸引力。当这些属性契合客户需求，满足客户预期，客户转化为实际消费者的意愿便显著增强。

#### 2. 客户消费心理

　　客户消费心理是一系列微妙的心理活动，贯穿于整个购买决策过程，是影响消费决策的重要因素。具体如图 5-1 所示。

- **求实心理**。求实心理的客户追求产品或服务的实用性和性价比，看重产品或服务的性能、材质、服务组成等，会根据自己的需要选择，消费行为一般较为理智。
- **求美心理**。求美心理的客户追求产品的美感，关注产品的款式、色彩、时尚性，以及产品包装的精美程度、广告创意的新颖性等。

图5-1　客户消费心理

- **求名心理**。求名心理的客户一般比较关注产品的知名度、品牌知名度等，希望产品有一定的档次和名气，以表现身份和地位等。
- **求速心理**。求速心理的客户在意购买效率，通常希望用较短的时间、简单的方式快速购买到优质的产品或服务，尽可能多地节约时间。
- **求廉心理**。求廉心理的客户的关注重点是价格，期望用低廉的价格买到优质、称心的产品或服务，通常会货比三家。
- **求安心理**。求安心理的客户追求产品或服务的安全、健康、舒适，具有很强的自我呵护与健康意识。这类客户普遍较为谨慎，对产品或服务的细节比较敏感，对产品或服务的品质要求也很高。
- **求同心理**。求同心理的客户倾向于购买热门产品或服务，或跟随别人的购买选择，没有明确的购买需求，自我判断力和主张性不强。
- **求惯心理**。求惯心理的客户往往注重自己偏爱的品牌、产品或服务，会基于对品牌或产品的信任，持续购买相同品牌的产品或服务。

### 3. 消费场景

消费场景即客户的购买场景，一个适当的场景通常具有较强的消费氛围，可以激发客户的情感和消费欲望，从而促使客户做出购买决策。例如，客户的消费场景为直播购物，在主播的展示和推荐下，直接点击产品链接购买下单。

## 活动2　营销转化原则

对营销转化有初步的认识后，小艾说她还查看了营销转化应当遵循的 4 个原则，以免在设计转化路径时走偏。

（1）成本可控原则。数字互动营销的转化成本在不断上涨，对于企业来说，成本越低越好。因此，在设计营销转化路径时，应当适当控制成本，从而获得更高的转化利润。

（2）一致统一原则。企业可借助多样化的营销渠道与客户保持互动，这使得客户在各渠道接收到的信息可能存在差异。为确保客户在不同营销渠道中享有统一且连贯的优质体验，应当确保各营销渠道的一致性，包括活动一致统一、内容一致统一、产品宣传效果与产品实际质量一致统一等。

（3）快速转化原则。数字互动营销要求快速触达客户、实现盈利。为此，必须简化营销转化流程，实现直线型的快速转化，从而缩短客户交易周期，提升整体交易效率。

（4）最终成交原则。营销转化以成交为最终目的，所有转化活动都应紧密围绕这一原则展开，确保每一步都朝着成交的目标迈进。

### 活动3　设计营销转化路径

在小艾看来，一条好的营销路径能够大大提升转化效率。于是，她向老李寻求帮助。老李给她提供了一条通用且涵盖多渠道的高效转化路径，如图5-2所示。

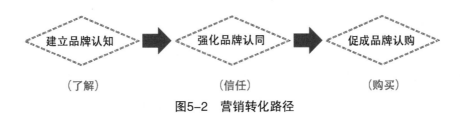

图5-2　营销转化路径

#### 1. 建立品牌认知

品牌认知即客户对品牌的印象、看法。良好的印象可以助推营销转化。一般来说，企业在建立品牌认知时，可以从以下4个方面入手。

- **差异性**。即品牌的不同之处。一般来说，品牌的差异性越大，辨识度越高。企业可以通过提供差异化的产品或服务、突出个性化的品牌定位、设计独特的品牌标识（如品牌Logo、网页颜色和字体等）来体现差异性。
- **相关性**。即品牌产品或服务对客户的适合程度。一般来说，品牌产品或服务与客户越适配，越容易被客户记住。可以通过强调产品或服务功能与客户需求的适配程度体现相关性。

- **尊重度**。即客户在与品牌互动的过程中，感受到的品牌对自身的尊重程度。一般来说，只有尊重客户才能赢得客户。这要求企业做好客户服务，真诚待客。

- **认知度**。即客户对企业历史、品牌个性、产品特色等情况的了解程度。需要企业利用一切宣传机会推广自己。

### 2. 强化品牌认同

品牌认同，即客户通过评估品牌价值形成的对该品牌的认可程度。客户认可程度越高，对品牌的忠诚度和依赖性就会越高，也就越容易产生消费行为，甚至重复消费。此时，企业可以采用以下方法强化品牌认同。

- **强调品牌定位和价值观**。确保品牌定位和价值观与客户的个人价值观契合，并以此为亮点，通过投放广告、输出营销内容等持续强调，从而深化客户对品牌定位和价值观的认同感。

- **讲述品牌故事**。品牌故事是品牌文化中不可或缺的一部分。通过品牌故事，企业可以向客户讲述品牌的成立背景、理念、发展过程、社会担当等，从而展示自身独特魅力，增强客户的情感认同。

- **管理品牌口碑**。品牌口碑反映客户对品牌印象的好坏，通过积极管理客户评价和反馈、及时解决问题，可以打造良好的口碑，潜移默化地强化客户的认同感。

### 3. 促成品牌认购

客户从对品牌的认同转化为实际购买行为的过程中，往往存在一道隐形的门槛。此时，企业需要采取一些措施，推动客户跨越这道门槛，做出最终的购买决策。

- **促成渠道**。除了App、小程序、社群等常见营销渠道可以促成认购外，直播、短视频等也是常用的交易渠道。

- **促成方式**。在促成认购的过程中，开展营销活动和投放营销广告是常用的方式。

- **促成技巧**。突出品牌、产品或服务的核心优势、免费试用、提供增值服务等，都有利于促成认购。

## 任务实践　书店营销转化路径设计

### 实践描述

随着互联网和数字化浪潮的冲击，普罗米书店的经营压力不断增大。为改变局面，普罗米书店决定开启全面的数字化营销转化之路，重塑品牌认知，促进图书营销转化。当前，普罗米书店的当务之急是设计一条有效的营销转化路径。该书店的相关信息如下所示。

- **宣传口号。**以"只有你不知道的，没有你找不到的"为宣传口号。
- **销售模式。**仅靠销售图书获取收益。
- **产品。**图书类型非常丰富，既有热门的纪实文学、小说类等书籍，又有很多冷门书籍，如哲学类书籍等，但冷门书籍的销量不好。
- **客户（调研结果）。**本地年轻女性客户为主，喜欢购买热门书籍、知名学者写作的心理类书籍，喜欢喝咖啡，热爱打卡拍照。
- **环境。**装修比较中规中矩，店内不太明亮，缺少可供客户认真阅读的座位。

### 操作指南

分析普罗米书店的信息，找出影响销售转化的因素，然后提出改进思路，并以营销转化路径的形式明确，具体步骤如下。

**步骤 01**　分析书店当前问题。根据书店的信息可知，当前书店存在表5-1所示的问题。

**步骤 02**　分析问题成因。结合客户调研信息来看，造成这些问题的一个根本原因是没有对目标客户形成正确的认知。由调研结果可知，目标客户多为本地女性客户，且拥有求名心理和求美心理，那么一个拥有畅销书籍、装修比较个性化、突出本地属性的品牌书店，对这类客户的吸引力更大。

表 5-1　书店当前问题

| 分析维度 | 问题 |
|---|---|
| 定位 | 书店定位不当，且未形成品牌 |
| 销售模式 | 销售模式单一 |
| 产品 | 售卖的图书不具备针对性，部分图书周转率不高 |
| 环境 | 缺乏舒适、安详和有利于阅读的整体氛围，不仅影响客户的阅读体验，也难以激发客户的购买热情 |

**步骤 03** 建立品牌认知。要建立品牌，就需要对存在的问题进行改进，不管是宣传口号还是产品、环境等，都需要为普罗米书店这一品牌服务，具体如表5-2所示。

表5-2 改进思路

| 问题 | 改进思路 |
|------|----------|
| 定位 | 将书店与本地文化结合，打造成本地的城市名片，将宣传口号改为"以书为媒，打造有温度的本地交流空间" |
| 销售模式 | 结合客户喜欢喝咖啡这一爱好，在书店内搭建咖啡馆，内置座椅，打造集休憩、沉浸式阅读于一体的休闲场所，增加收益方式 |
| 产品 | 客户拥有求名心理，可以调整图书类型，增添市面上的畅销书籍，保留热门书籍，砍掉冷门书籍，在提高销量的同时提高图书周转率 |
| 环境 | 利用客户的求美心理，从书店本身的名字出发，将书店风格重新装修为西式复古风，并增添暖色调、比较明亮的灯具，激发客户对美的追求，并鼓励客户打卡拍照，分享到社交媒体平台 |

**步骤 04** 强化品牌认同。将宣传口号作为书店的经营理念，不断输出与这一理念有关的内容，强化本地读者对书店的情感认同。

**步骤 05** 促成品牌认购。通过线下实体书店与线上平台的紧密结合，打造O2O（Online to Offline，线上到线下）的阅读与购书体验。线下，利用书店丰富的文化资源，定期举办线下讲座、读书会等活动，增强与客户的互动，提升品牌影响力。线上，通过App、小程序、社群、直播、短视频等多种渠道，销售图书，并宣传书店的热门书籍、线下活动及环境设计。

# 任务二 App营销转化

## 任务描述

小艾提及，A品牌有自己的App，但客户的数量增长慢且活跃程度低。她登录后，查看了App的功能设计、活动开展详情后，才明白问题出在两个地方：活动开展和广告投放。

## 任务实施

### 活动1 开展App营销活动

小艾发现，A品牌的App中，活动类型过于单一，基本都是抽奖活动，虽然一开始转化效果比较好，但长此以往，会逐渐让客户感到疲倦，甚至影响后续的转化。于是，她将重点放在活动类型的多元性和创新性上，除抽奖活动外，还策划开展了促销活动、话题讨论活动等。

- **抽奖活动**。抽奖活动以奖品为吸引力，具有一定的利他性，可以调动客户的参与积极性，增强客户与App的黏性。
- **促销活动**。促销活动可以通过降价、赠送礼品等方式，短期内快速实现销售和下载转化。例如，客户想要以优惠价格购买某产品，而该产品正在某App开展促销，客户如果想要享受优惠，就需要下载该App。
- **话题讨论活动**。话题讨论主要是就某热门话题，引发客户讨论，可以是已有的热门话题，也可以是自创的话题，通过提升App相关话题的热度，提升客户对App的兴趣，进而吸引用户下载App。

## 👤 活动2 投放App营销广告

App营销广告，可以助推客户转化，引导客户直接产生点击下载、注册登录等行为。但是，A品牌基本不投放广告，仅在应用商店投放。小艾认识到A品牌必须增大App营销广告的投放力度，并做好推广。

### 1. 选择广告投放渠道

根据是否使用网络，App营销广告的投放渠道可以分为线上投放渠道和线下投放渠道。

（1）线上投放渠道

线上投放渠道主要依托数字媒介进行广告推广，具体如图5-3所示。

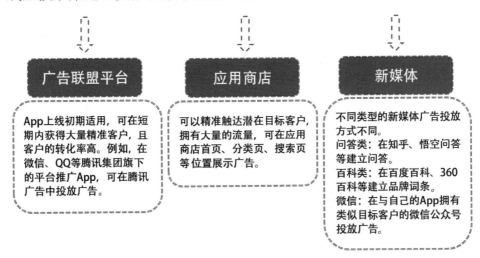

图5-3 线上投放渠道

（2）线下投放渠道

线下投放则侧重于传统媒介和实体场所的广告展示，主要有手机预安装、线下媒体投放、线下门店推广、地推等，如图 5-4 所示。

### 2. 选择投放广告类型

为了满足企业的营销需求，各大 App 均提供有广告位，以满足不同的营销目标。App 广告的类型丰富，有开屏广告、横幅广告等，为企业提供多样化的选择。

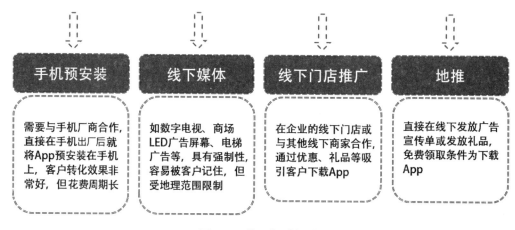

图5-4　线下投放渠道

（1）开屏广告

开屏广告是指在打开 App 时以全屏的形式呈现的广告，其持续显示时长一般为 5 秒左右，广告时间短，基本不会影响客户的正常使用体验。这种广告通常使用色彩绚丽的大尺寸图片展现广告内容，具有强烈的视觉冲击效果，转化效果好，但广告费用略高。图 5-5 所示为打开爱奇艺 App 时的开屏广告。

（2）横幅广告

横幅广告（Banner）又称旗帜广告，多出现在 App 的底部或顶部，且多以轮播的形式出现，如图 5-6 所示。横幅广告具有尺寸较小、对客户干扰小、重点突出等优点，但由于尺寸小，容易被忽视。

（3）信息流广告

信息流广告是穿插于客户的好友动态，或资讯媒体和视听媒体内容流中的广告，图 5-7 所示为微博关注界面的信息流广告。信息流广告与所投放页面的内容和客户喜好具有相关性，可与客户看到的内容自然融为一体，也可根据客户喜好实现精准投放。

（4）推送广告

推送广告通过推送通知的方式向客户展示广告，常以文字或图片的形式呈现，如图 5-8 所示。推送广告的优点是广告信息的触达效果好，但客户精准度不高。

图5-5　开屏广告

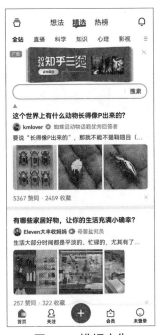

图5-6　横幅广告

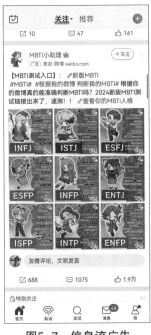

图5-7　信息流广告

（5）LBS 广告

LBS（Location-based Service）广告是一种基于客户地理位置投放的广告形式。LBS 广告可以精准获取客户的地理位置信息，然后向客户推送附近的商家、服务或地点等相关的广告内容，非常适用于本地化营销。图 5-9 所示为抖音基于地理位置向客户推送的同城广告，通过优惠券吸引客户前往消费。

（6）搜索广告

搜索广告是在 App 内部搜索结果页面中展示的广告。搜索广告基于智能推荐算法，可以根据客户的搜索意图和关键词智能匹配广告，具有精准性和相关性较高等优点。图 5-10 所示为在微博搜索智能电动汽车"小米 SU7"后，在搜索结果页出现的广告。

### 3. 投放广告

当 App 上线后，便可为 App 投放广告。各渠道的投放操作相似，以腾讯广告为例，投放时需要先注册账户（见图 5-11），然后新建推广计划（见图 5-12），设置广告的基本信息。

图5-8 推送广告

图5-9 LBS广告

图5-10 搜索广告

图5-11 注册账户

图5-12 新建推广计划

# 任务实践 推广书店App

## 实践描述

普罗米书店近期计划推出官方App，并通过应用商店和广告推广App，以扩大线上服务范围并提升客户体验。经过市场调研，普罗米书店筛选出3个可供选择的应用商店：A应用商店、B应用商店和C应用商店。为找到与目标客户相符合且拥有较大用户基数的应用商店，普罗米书店将详细对比分析这3个应用商店。表5-3所示为这3个应用商店的相关信息。同时，普罗米书店还将结合书店情况，比较常用的App广告类型，以选择适用的广告类型。

表5-3 应用商店相关信息

| 商店名称 | 应用特点 | 用户 |
|---|---|---|
| A应用商店 | 综合性应用商店，多样化、创新性的应用多，几乎各行业应用均有 | 用户基数大，覆盖全年龄段 |
| B应用商店 | 应用质量高、专业性强，以科技、教育类应用为主 | 用户活跃度较高，多为高学历、高收入群体 |
| C应用商店 | 以娱乐、生活类应用为主 | 面向年轻用户群体，用户基数大、活跃度高，偏好新颖、有趣、互动性强的应用 |

## 操作指南

### 1. 选择投放App的应用商店

依次分析这3个应用商店的应用特点和用户，比较后选出与目标客户相符合且拥有较大用户基数的应用商店，具体步骤如下。

**步骤 01** 比较分析应用特点。A应用商店的应用综合性强、B应用商店的应用专业性强、C应用商店的应用偏娱乐和生活化，而普罗米书店官方App本身是个生活类App，就这一点来看，A应用商店、C应用商店均可选择。

**步骤 02** 比较分析应用商店的用户。A应用商店各年龄层的用户均有，C应用商店的用户多为年轻用户，二者的用户基数均比较大，普罗米书店的目标客户为年轻女性客户，就这一点来看，C应用商店的用户群体与目标客户的契合度更高，因此，这里选择C应用商店。

### 2. 选择投放的广告类型

分析常见广告类型的优点和广告费用，并根据书店定位选择广告类型，具体步骤如下。

**步骤 01** 收集广告信息。收集整理开屏广告、横幅广告、信息流广告、推送广告、LBS广告、搜索广告的优点和广告费用，如表5-4所示。

表5-4 常见广告类型的优点和广告费用

| 广告类型 | 优点 | 广告费用 |
|---|---|---|
| 开屏广告 | 不影响客户的正常使用体验、视觉冲击力强、转化效果好 | 偏高 |
| 横幅广告 | 尺寸较小、对客户干扰小、重点突出 | 按点击收费，点击的人多则费用高 |
| 信息流广告 | 与客户看到的内容自然融为一体，精准度高 | 按展现或点击收费，展现或点击的次数多，则费用高 |
| 推送广告 | 触达效果好 | 按点击收费，点击的人多则费用高 |
| LBS 广告 | 根据地理位置开展营销，精准度高 | |
| 搜索广告 | 精准度和相关性较高 | |

**步骤 02** 比较和选择投放的广告类型。就广告费用而言，开屏广告费用偏高，会造成营销成本的增加，可排除。虽然其余5种广告类型的收费方式差不多，但从书店本身的定位——"以书为媒，打造有温度的本地交流空间"来看，采用面向本地客户投放的LBS广告更合适。

## 任务三 小程序营销转化

### 任务描述

小艾提到，小程序的商业价值很高，正逐渐成为众多企业实现营销转化的首选。于是，她和A品牌商议，开发一款微信小程序，将小程序作为主要转化渠道之一。

### 任务实施

#### 👤 活动1 分享和推广小程序

小程序要实现较高的营销转化效率，需要有效地推广，以便触达更广泛的客户。但是，怎么推广呢？小艾分享了她的一次经历——在扫描某商户的小程序二维码完成支付后，支付成功界面弹出另一款小程序的广告。她观察到这款投放广告的小程序还使用过其他推广方法，就将其加以总结，使用到 A 品牌小程序的推广中。

- **微信群分享**。当前，微信中存在很多小程序，这些小程序被允许分享到微信群中。企业可以利用这一捷径，直接在微信群中分享小程序，同时也可以为社群营销做准备。
- **小程序互推**。小程序之间可以互相跳转。企业可以根据业务需求设计不同功能的小程序，让小程序可以互相引流，实现业务互补。
- **广告推广**。企业可以在支付、微信等主流支付平台为小程序投放广告，包括搜索流量类广告和推荐流量类广告。其中，搜索流量类广告将在搜索页和搜索结果页显示小程序入口；推荐流量类广告会在平台的首页推荐栏、支付完成页等显示小程序入口，通过自动跳转（见图5-13）、优惠引导等方式引导客户进入小程序（见图5-14）。

图5-13　自动跳转到小程序登录界面

图5-14　优惠引导进入小程序

- **小程序二维码推广**。即导出小程序二维码，放置在营销海报或者线下门店，引导客户扫描二维码使用小程序。
- **小程序链接分享**。直接分享小程序的链接到微信朋友圈或其他平台，引导客户点击或复制链接进入小程序。

📝**素养小课堂**

在推广和分享小程序时，企业应当清晰地向客户阐明使用小程序需遵守的相关服务条款，包括用户服务协议和隐私协议等，确保客户充分了解小程序的使用。同时，也要尊重客户的意愿，不强制要求客户使用小程序，更不能私自收集超出隐私协议允许范围的客户信息。

## 👤 活动2　开展小程序营销活动

小艾继续说到，她还在老李的建议下筛选出一些适合在 A 品牌小程序中开展的营销活动，以促进产品或服务的转化。

### 1. 折扣促销活动

小程序中的折扣促销活动主要有提供优惠券、打折、满减等形式。发放优惠券时，一般是让客户直接领取，部分企业会设置领取门槛，如限会员领取。

### 2. 捆绑销售活动

捆绑销售活动一般采用买同款赠同款或买同款赠其他的形式，通常是买一赠一或买一赠多。捆绑销售活动带来的利益刺激，可以激发客户的购买欲望，同时又能避免因直接降价带来的客户不满。

📋**经验之谈**

捆绑销售的产品或服务通常具有关联性或相似性，且售价一般比单独购买产品或服务的价格低。

### 3. 拼团活动

拼团的形式主要有 3 种：普通折扣团、团长优惠团和助力优惠团。

- **普通折扣团**。客户可以自主参与拼团（见图5-15），并享受优惠，主要用于提升销量。
- **团长优惠团**。只有开团者才能享受优惠，其余人员只能以原价购买，主要用于老客户拉新。
- **助力优惠团**。客户分享助力链接给多个好友，待好友参与助力，客户达到优惠门槛后可享受优惠，主要用于扩大品牌知名度，图5-16所示为助力优惠团的一种表现。

图5-15　普通折扣团

图5-16　助力优惠团

# 任务实践　分享和推广书店小程序

## 实践描述

　　普罗米书店精心开发了一款与实体书店同名的微信小程序，旨在为广大读者提供更加便捷、高效的购书体验。为推广这款微信小程序，普罗米书店选择使用小红书和微信朋友圈推广小程序二维码，向广大读者介绍这款微信小程序的独特功能，鼓励大家扫码体验。

## 操作指南

### 1. 使用小红书推广小程序二维码

　　在小红书中上传书店和小程序二维码图片，输入推广文案并发布，具体步骤如下。

**步骤 01**　上传图片。在小红书首页点击 **+** 按钮，在打开的界面中依次点击书店图片和小程序二维码图片（配套资源\素材\项目五\书店.png、小程序二维码.jpg），点击 下一步(2) 按钮，在打开的界面中再次点击 下一步 按钮。

**步骤 02** 发布笔记。打开笔记发布界面，在其中输入推广文案，并点击笔记下方的"#推荐一个好地方"选项，在笔记末尾插入话题，如图5-17所示。点击 发布笔记 按钮，发布后的效果如图5-18所示。

图5-17 发布笔记　　　　　　　　　　　　　图5-18 笔记发布效果

## 2. 使用微信朋友圈推广小程序

在微信朋友圈中分享小程序链接，输入推广文案并发布，具体步骤如下。

**步骤 01** 分享小程序链接。打开微信小程序，点击小程序右上角的分享按钮 … ，在打开的面板中点击"分享到朋友圈"选项，如图5-19所示。

**步骤 02** 推广小程序。打开微信界面，在其中输入推广文案，如图5-20所示，然后点击 发表 按钮。

图5-19 分享小程序链接　　　　　　图5-20 笔记发布效果

## 任务四　社群营销转化

### 任务描述

　　小艾提到，本次工作中，社群的营销转化是最为顺利的。因为 A 品牌的客户黏性较强，所以，将客户引流到微信粉丝群时，客户的抵触较小，方便开展后续的转化操作。

### 任务实施

### 👤 活动1　创建社群

　　小艾强调，开展营销转化的社群必须有一个有吸引力的名称，简洁明了、易于记忆的口号，以及能够直观地展示社群的风格和特色的社群 Logo。

　　**第一步**　设置社群名称

社群的命名方法主要有以下两种。

- **围绕社群的核心构建点来命名**。社群的核心构建点是指形成社群、使社群区别于其他社群的主要因素，如社群灵魂人物、核心产品等。这种方法适合已经有大量粉丝群体的社群。例如，罗振宇读书会社群——罗友会，小米手机粉丝社群——米粉群。
- **围绕目标用户的需求来命名**。即根据目标客户的需求，在社群名称中加入能够吸引目标客户的关键点，方便客户辨认和识别。例如，爱跑团、美食团、周末聚会群等。

　　名称是社群的标识符号，会影响用户对社群的第一印象。通常情况下，将以上两种方法结合起来，更容易突出社群的核心构建点，还方便客户辨认。

　　**第二步**　确定社群口号

　　社群口号就是社群的宣传口号或宣传标语，可以是令人记忆深刻、具有特殊意义的一句话或短语。好的社群口号不仅可以向客户传达社群的核心竞争力，展现社群的个性魅力，还能引起客户的共鸣和认同，吸引更多认同该口号的人加入社群。社群口号可以从 3 个方面来确定，如图 5-21所示。

图5-21　确定社群口号

第三步　设计社群Logo

社群Logo是社群的标识元素，可以让社群成员产生归属感。一般来说，新建的、没有自建品牌的社群，可以将社群核心人物、社群理念的卡通图形、文字等作为Logo的设计素材。而成熟的企业或者品牌组建的社群，可以直接使用企业或品牌Logo。

微课视频

设计社群Logo

在设计时，企业可以直接使用在线设计软件（如稿定设计、创客贴等）的AI功能来设计。以使用创客贴设计服饰品牌的社群Logo为例，具体操作如下。

步骤 01　进入AI Logo设计页面。登录创客贴，在首页"AI创作"栏选择"AI Logo"选项，如图5-22所示，打开AI Logo设计页面。

AI创作

| AI拼图 | 智能设计 | AI Logo | 一句话设计 | AI文案 |
| AI商品图 | AI文生图 | 文生素材 | AI图生图 | 文生背景 |

图5-22　选择"AI Logo"选项

步骤 02　输入公司名称、宣传语、行业、风格和Logo元素。在"公司名称（必填）"栏下方的文本框中输入公司名称，在"宣传语"栏下方的文本框中输入宣传语，在"行业（必填）"栏下方的文本框中输入公司所在行业，在"风格"栏下方选择合适的风格，在"Logo元素"（提高生成准确）栏下方的文本框中输入Logo元素相关的关键词或短语等，如图5-23所示。

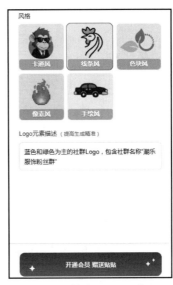

图5-23　输入公司名称、宣传语、行业、风格和Logo元素

**步骤 03**　查看生成结果。检查输入的信息是否有误，无误后单击 ![按钮]　按钮，查看生成结果，如图5-24所示。

图5-24　生成结果

**第四步** 选择社群类型

根据创建平台的不同，社群可以分为微信群、QQ 群、百度贴吧社群等，不同的社群适合不同的营销需求。

（1）微信群

在微信上建立的社群叫作微信群。微信群的封闭性较强，只能通过邀请或者扫码加入社群，无法搜索添加，并且单个微信群的成员数量不超过 500 人（企业微信建立的微信群除外）。微信群可以实现多人实时聊天，还可以分享图片、视频、网址等，进行群接龙、群直播、发布小程序链接等，方便社群营销转化。

（2）QQ 群

在 QQ 上建立的社群叫作 QQ 群。相较于微信群，QQ 群可以通过搜索相关关键词查找的方式加入，如图 5-25 所示。

**图5-25  通过搜索相关关键词查找QQ群**

QQ群提供签到、文件、公告、相册、作业、接龙统计、群日历等群应用，并支持设置禁言、限制发言频率、设置成员权限、查看群数据等群管理功能。

（3）百度贴吧社群

百度贴吧是规模较大的中文在线社区平台，该平台有各种不同兴趣主题的贴吧，涉及生活、教育、娱乐、游戏、体育、科技、企业等方面。百度贴吧的各个兴趣主题就是不同的兴趣社群，社群成员之间主要通过发帖、回帖进行交流，其优势在于具有较高的搜索排名。在百度首页搜索框中输入关键词，并单击顶部的"贴吧"超链接，可进入百度贴吧社群，如图 5-26 所示。

**图5-26  百度贴吧社群**

此外，微博、知乎、豆瓣等平台也可以组建社群。其中，微博群与微信群、QQ群类似，以即时交流为主；知乎群、豆瓣小组则与百度贴吧类似，主要围绕兴趣建立社群，并通过发布相对较长的帖子内容进行交流。

**第五步　创建社群**

　　建立社群的操作差不多，这里以创建微信群为例进行介绍，其具体操作如下。

微课视频

创建社群

**步骤 01**　发起群聊。在微信主界面中点击⊕按钮，在打开的下拉列表中点击"发起群聊"选项，如图5-27所示。

**步骤 02**　添加群成员。打开"发起群聊"界面，在该界面中选择要添加的群成员，点击 完成(3) 按钮，如图5-28所示。

**步骤 03**　设置群名称。进入群聊界面，点击右上角的···按钮，在打开的"聊天信息"界面中点击"群聊名称"选项；打开"修改群聊名称"界面，输入微信群名称，输入完毕后点击 完成 按钮，如图5-29所示。

图5-27　发起群聊

图5-28　添加群成员

图5-29　设置群名称

## 👤 活动2　开展社群营销活动

小艾接着说，社群的营销转化之所以成功，可能还有一个重要原因。当时，她在建立社群后并没有急着推销产品或服务，而是先与客户互动，待积累足够的信任后，才着手开展营销活动，包括线上营销活动和线下营销活动，这样的转化更加自然，也更容易得到客户的积极响应。

### 1. 开展线上营销活动

线上营销活动的形式较灵活，不需要实际的场地，身处不同地域的客户都可以参与，开展非常方便。

（1）选择线上营销活动形式

对于社群而言，线上营销活动可以超越地域和时间的限制，成本也相对较低，种类也很多，包括社群分享、社群交流和社群打卡等。

- **社群交流**。社群交流指挑选一个有价值的话题，发动成员共同参与讨论。话题一般不能太宽泛、太沉重，要便于讨论、能引发多数成员的兴趣。例如，美食群就可以围绕特色美食、美食制作开展讨论，还可以结合近期热点进行交流。
- **社群分享**。社群分享是指面向成员分享一些知识、心得、体会、感悟等，通常具有一定的价值，如实用价值、指导价值等。分享者既可以是社群外人员（通常具有一定的专业性或知名度），如专家、某行业资深人士等，也可以是社群内具有一定能力或资质的成员。
- **有奖征集**。有奖征集是指设置相应奖品，发动成员集思广益。当社群采纳某位成员的创意或建议时，不仅可以增加该成员的荣誉感，还能调动其他成员的积极性，吸引其他成员参与社群活动，从而提高社群凝聚力。
- **社群打卡**。社群打卡是指为养成社群成员某一习惯所采用的某一种行为，能有效提升社群的活跃度。社群管理员应定期统计、管理和监督社群打卡情况，并通过消息或通知发布打卡情况。常见的打卡形式包括早起打卡、运动打卡、阅读打卡等。

（2）实施线上营销活动

实施线上营销活动的流程如图 5-30 所示。

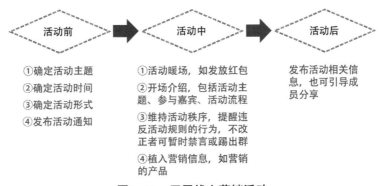

图5-30 开展线上营销活动

### 2. 开展线下营销活动

线下营销活动拥有真实的场景，有助于满足成员的社交需求，增强成员的参与感和归属感，因而也经常被用于转化。

（1）选择线下营销活动形式

线下营销活动主要形式有核心成员聚会、核心成员和外围成员聚会、核心成员地区性聚会等。其中，核心成员和外围成员聚会人数多，组织难度大，而核心成员地区性聚会则组织起来更方便，容易成功。

社群聚会可以通过消息、视频、图片等方式将实况发布到社群或社交媒体平台，增加社群影响力，加强社群成员黏性，持续激发和保持社群的活跃度，刺激更多成员积极参与线下活动。

（2）实施线下营销活动

线下营销活动的开展更为烦琐，需要做好活动前的准备工作，活动中的暖场、维护秩序等工作，并在活动结束后做好活动总结。表5-5、表5-6所示分别为某品牌开展线下公益活动的活动详情、活动总结。

表 5-5 活动详情

| 流程 | 事项 | 具体内容 |
|---|---|---|
| 筹备活动 | 组建筹备团队 | 策划统筹组：负责制定活动方案，把控活动方向，统筹活动安排等 |
| | | 宣传推广组：负责设计活动宣传海报，在社交媒体平台发布活动信息；负责活动中的宣传横幅悬挂、活动现场照片拍摄、直播等；负责将活动现场照片及相关文字总结、视频等发布到社交媒体平台 |
| | | 对外联系组：负责筛选和洽谈活动场地、活动设备，邀请参加活动的成员，确认活动场地和设备，接送参加活动的成员 |

（续表）

| 流程 | 事项 | 具体内容 |
|---|---|---|
| 筹备活动 | 组建筹备团队 | 活动支持组：负责活动现场的具体事务，包括接待来宾、准备物料、主持活动、维护现场秩序等 |
| | | 财务组：负责编制活动预算，并记录活动实际支出情况，做好相关账目登记工作 |
| | 确定活动方案 | 将活动时间、活动流程、活动地点、活动对象、活动费用等以文档的形式确定下来 |
| | 准备活动物料 | 包括活动海报、活动地点指示牌、宣传横幅、小礼品、签到表、签到笔（大量）、爱心食品、相机、插线板、医药箱等 |
| | 宣传活动 | 在社群中发布活动相关信息 |
| | 现场踩点 | 提前到现场了解场地情况，包括场地地理位置、设备是否可用、区域分布、交通情况等；并布置现场，包括物料摆放等 |
| 执行活动 | 签到 | 安排两位活动支持组成员在农家乐门口负责签到，签到台旁边设有粘贴活动海报的指示牌 |
| | 开场 | 主持人介绍本次的活动主题和流程，并重点介绍本次活动的合作单位和赞助方的品牌理念、发展历程及社群的基本情况，然后安排到场来宾自我介绍，内容应包括微信群中的昵称、居住城市、职业、喜好，以及与社群的渊源 |
| | 破冰游戏 | 主持人组织来宾参与两个轻松简单的小游戏，拉近来宾之间的距离，活跃现场气氛 |
| | 制作美食 | 将来宾分为4组，每组5人，分组使用品牌提供的面粉、奶油及其他食材制作美食。每个小组可自由安排分工，相互协作。活动支持组人员在旁边维持秩序、提供帮助，宣传推广组拍摄照片并在抖音中直播 |
| | 品尝美食 | 美食制作完成后，来宾和工作人员围坐在一起品尝美食，交流美食制作的心得和趣事，增进感情。此时，宣传推广组需要拍摄美食成品和聚餐场面的照片 |
| | 参与公益 | 工作人员和来宾一起前往环卫工人工作地点发放爱心食品 |
| | 活动总结＋合影留念 | 来宾在指定地点集合，工作人员为来宾发放小礼品。主持人再次感谢品牌方对于本次活动的大力支持，以及来宾对品牌方的支持，并邀请3位来宾谈谈今天活动的感受。最后所有来宾和工作人员合影留念 |

表 5-6　活动总结

| 总结角度 | 总结结果 | 启示 |
|---|---|---|
| 活动完成情况 | 本次活动到场 19 位来宾（一人因临时有事无法到场），活动执行情况较好，基本按照预计流程完成，活动现场井然有序，未发生大的意外事件 | 活动前的准备工作非常重要 |
| 活动氛围 | 各组制作的美食效果较好，来宾交谈甚欢，场面和谐热闹，来宾间的熟悉程度进一步加深 | 工作人员的引导很重要，不仅介绍来宾相互认识，还引导来宾通过话题讨论熟悉起来 |
| 活动场地 | 活动场地面积较大，设备完备，但服务人员不太热情，做事效率不高，引起了部分来宾的不满 | 今后选择活动场地需要考虑服务质量这一因素 |
| 活动流程设计 | 根据活动执行情况来看，破冰游戏效果较好，但制作美食的时间有点紧张，多位来宾反馈送爱心食品的活动很有意义 | 今后设计活动流程时合理安排时间，并多加入公益元素，传递正能量 |
| 营销效果 | 在活动现场，品牌名称、Logo 和产品随处可见，主持人的讲话、游戏中也多次提到品牌，这些都增强了来宾对于品牌的熟悉和信任，而且活动的宣传也增加了品牌的曝光。总的来说，这次活动的营销效果不错 | 在游戏中植入营销信息的方式十分自然，今后的活动可以借鉴 |
| 物料准备 | 由于缺乏经验，本次活动准备的食材种类相对单一，造成部分来宾要使用的食材需要临时采购，对活动进程造成一定的影响。其他物料准备充足，且未造成太多浪费 | 今后准备物料时要考虑得更加充分，并提前了解临时采购物料的最快方式 |
| 活动宣传 | 宣传推广组在社群及微信、微博等平台发布了活动海报，还通过直播让未到场的成员和其他网友直观地感受了现场的氛围，观看人数突破 1000 人，取得一定的反响 | 部分成员没时间长期观看直播，因此今后的活动除使用视频直播外，还可以适当开展图文直播 |

## 任务实践　开展书店社群分享活动

### 实践描述

　　经过调整，普罗米书店很快在当地打响了名声，获得一批忠实读者。为进一步拉近与读者的距离，增强书店与读者、读者与读者之间的互动，普罗米书店成立了名为"普罗米书友交流群"的微信群，在群内发布图书日常讯息、书店活动信息等。为提升社群活跃度，普罗米书店准备在社群中举办一个分享活动，时间待定，大概是 5 月 11 日、5 月 12 日、5 月 18 日、5 月 19 日中的某一天，需要社群成员投票决定。活动主题为"怎么看待和应用 AIGC"，活动中会有特邀嘉宾王不易老师参与。

### 操作指南

#### 1. 分享活动准备

先明确需要在活动前做好的准备工作，包括分享主题、分享活动形式、活动时间等，具体步骤如下。

**步骤 01** 明确活动前的准备工作。活动前需要做好充分的准备，首先要确定分享主题和形式，以及活动时间。为增强社群成员的参与感，可采用群投票的形式让社群成员决定活动时间，然后公布投票结果并做好正式的活动通知。

**步骤 02** 确定分享主题。分享主题可以从最近畅销的图书入手。普罗米书店最近销量较好的书籍是《AIGC：走进智能时代》，而且，最近 AIGC 这一话题非常火热，可以直接邀请作者在微信群中开展一场关于"怎么看待和应用AIGC"的主题分享活动。

**步骤 03** 确定分享活动形式。嘉宾通过发布语音信息的形式进行分享（语音信息不宜过长或过短，每条 1～3 分钟较适合）。首先由分享嘉宾进行主题分享，耗时大约 20 分钟，然后是互动环节，由社群成员向嘉宾提问，耗时大约 20 分钟。

**步骤 04** 确定活动时间。活动时间由社群成员投票决定，备选的时间为 5 月 11 日 20:00～20:40、5 月 12 日 20:00～20:40、5 月 18 日 20:00～20:40、5 月 19 日 20:00～20:40（周末，空闲时间多），投票数最多的时间选项作为活动时间。

#### 2. 投票选择活动时间

使用腾讯投票让社群成员决定活动时间，并在确定活动时间后发布正式的活动通知。具体步骤如下。

**步骤 01** 搜索腾讯投票小程序。在微信主界面上方点击 Q 按

微课视频

投票选择活动时间

钮，在打开界面的搜索框中输入"腾讯投票"，点击"腾讯投票-小程序"栏中的"腾讯投票"选项，如图5-31所示。

**步骤 02** 选择投票类型。登录腾讯投票小程序。打开"腾讯投票"小程序界面，点击 单选投票 按钮，如图5-32所示。

**步骤 03** 登录腾讯投票小程序。在打开的界面中点击 登录 按钮，并点击"我已阅读……"复选框，如图5-33所示。在打开的界面中点击 允许 按钮，表示允许腾讯投票小程序获取微信昵称和头像。

图5-31 搜索"腾讯投票"

图5-32 点击"单选投票"按钮

图5-33 登录"腾讯投票"

**步骤 04** 创建单选投票。在打开的"创建单选投票"界面中设置投票标题、补充描述、投票选项、截止日期，然后开启"限制传播"（开启后，投票只能在一个微信群中进行），最后点击 完成 按钮，如图5-34所示。

**步骤 05** 分享投票。在打开的界面中将显示创建完成的投票，点击右上角的 ❷ 按钮，在打开的面板中点击"转发"选项，如图5-35所示。在打开的"选择一个聊天"界面中选择"普罗米书友交流群"，选中"普罗米书友交流群"后在打开的界面中点击 发送 按钮，在社群中发起群投票。

**步骤 06** 发布活动通知。确定活动时间后，在微信群中发布活动通知，告知所有社群成员活动信息，如图5-36所示，确保更多社群成员能够参与进来。

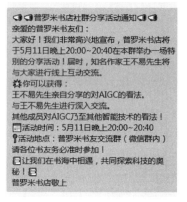

图5-34　创建投票　　　　　　图5-35　转发投票　　　　　　图5-36　发布活动通知

### 3. 开展分享活动

通过发放红包暖场，开场介绍活动，并做好活动中的秩序维护，最后总结活动，具体步骤如下。

**步骤 01**　提醒所有人活动即将开始。打开群聊界面，在下方的输入框中输入@，在打开的界面中点击"所有人"选项，如图5-37所示。返回群聊界面，继续输入文字"小伙伴们，我们的分享活动马上开始啦！"然后点击 发送 按钮发送消息。

**步骤 02**　点击群聊界面右下角的⊕按钮，在下方的列表框中点击"红包"按钮 ▓，在打开的界面中点击"红包"选项。在打开的"发红包"界面中设置红包个数、总金额，点击 塞钱进红包 按钮，如图5-38所示。

**步骤 03**　在打开的界面中选择支付方式，输入密码，点击 确认支付 按钮发放红包。

**步骤 04**　开场介绍。在社群气氛活跃起来后，介绍本次的分享主题和分享嘉宾，引导成员提前做好倾听准备。同时，向成员说明活动流程和规则，禁止在其他成员分享期间做出干扰行为，不得闲聊与主题无关的话题，如图5-39所示。

图5-37　点击"所有人"选项

图5-38　设置红包个数、金额

**步骤 05**　维持秩序。活动中，及时提醒违反活动规则的行为，维护好活动秩序。对于提醒后依然不改正的成员，可以暂时将其踢出群聊（待其表示愿意遵守规则后再重新邀请入群）。

**步骤 06**　总结活动并植入营销信息。在所有成员分享完后，表达对嘉宾、社群成员支持活动的感谢，与大家告别。告别时表示书店正在销售由王老师亲笔签名的书籍《AIGC：走进智能时代》，刺激对AIGC感兴趣的社群成员在书店购买书籍，如图5-40所示。

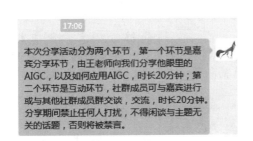

图5-39　开场介绍　　　　　　　图5-40　植入营销信息

# 任务五　直播营销转化

## 任务描述

直播营销是以直播平台为载体开展的网络营销方式，具有实时性、互动性、真实性较强等特点。小艾分享道，她曾有一段时间热衷于观看直播，甚至在直播间多次购物。这种经历让她深刻感受到直播营销的魅力。考虑到 A 品牌拥有抖音旗舰店，她便灵机一动，想到利用直播营销促进转化。

## 任务实施

### 👤 活动1　明确直播营销定位

为确保直播营销的效果，小艾专门研究过 A 品牌竞争者的直播营销，发现对方不仅直播营销模式适合，内容定位也很分明。

#### 1. 选择直播营销模式

随着直播的发展，直播营销演化出众多细分模式，不同的模式带来的效果不同，如表 5-7 所示。

表 5-7　选择直播营销模式

| 直播营销模式 | 详细说明 | 效果 |
| --- | --- | --- |
| 直播＋带货 | 直播时销售产品，其主要目的是促进产品销售 | 能够快速实现流量变现，提升产品销量 |
| 直播＋发布会 | 在直播平台上直播发布会的内容 | 能够为产品和品牌带来更多的流量和人气 |
| 直播＋广告植入 | 在直播中植入品牌或产品，如以冠名赞助的形式、使用相关产品、在广告时间口播广告等 | 能够增加品牌或产品的曝光度，潜移默化地影响客户的购买决策 |
| 直播＋活动 | 直播活动内容，将人气连接到品牌，实时分享独家信息、专属福利等 | 能够带给客户更直接的体验，甚至可以做到零距离互动，使品牌得到较高的曝光度 |
| 直播＋访谈 | 通过访谈的方式，从第三方视角来阐述观点和看法，如采访特邀嘉宾、专家、路人等 | 可以促进品牌文化、品牌知名度的传播和塑造企业形象 |

#### 2. 明确内容定位

直播营销内容定位的精准度直接影响营销的效果。在进行直播营销内容定位时，应该紧密围绕目标客户，并明确两个核心事项：一是确定内容风格，二是确定内容组成。具体如图 5-41 所示。

确定内容风格　　　　　　确定内容组成

严肃风格　　活泼风格
知性风格　　搞笑风格
邻家风格　　……

新品发布　　才艺表演
知识科普　　聊天
产品讲解+故事趣闻/
生产过程/合作洽谈过
程/使用建议……

图5-41　内容定位

## 活动2　选择直播营销策略

　　小艾继续分享道，她还观看过 A 品牌竞争者的直播，发现他们在整点的时候通常会上架一些价格低廉的产品，以活跃直播间的氛围。她向老李请教，老李告诉她这是应用了低价营销策略。这种策略不仅可以活跃氛围，还可以促进产品销售，可以应用到 A 品牌的直播营销中。除此之外，她还可以使用低价营销、发放产品优惠券、买一送一、满赠、信任背书等策略。

- **低价营销策略。** 低价营销策略是指在直播的某个时间段，发布一些质量较好、品牌可信度高、价格非常低廉的热门产品，可以是小样，也可以是正品。由于价格低廉、数量不多，因此产品往往一上架即售空。
- **发放产品优惠券。** 产品优惠券是折扣的一种表现，通过发放产品优惠券并介绍使用规则，可以刺激客户的消费欲望，吸引客户下单。产品优惠券主要有两种：无使用门槛（见图5-42）和有使用门槛（见图5-43）。

图5-42　无使用门槛　　　　图5-43　有使用门槛

- **买一送一。** 买一送一以产品为主，通常是买同款送同款，或者买同款赠送与之相关的其他小物品，如买防晒服送凉感口罩，如图5-44所示。
- **满赠。** 满赠要求客户的消费达到一定额度（如300元）才可以获得某些赠品，通常用于刺激客户购买多款产品，提高产品的销售数量和客单价。使

图5-44　买一送一

用该策略时，如果赠品的价值较高，且想要尽可能刺激客户的购买欲望，可以直接标明赠品的价值（可用赠品的价格表示）。

- **信任背书**。信任背书通常是借助有话语权、影响力的知名人士来证明品牌、产品或服务可靠，打消客户的疑虑，从而刺激消费。例如，邀请代言人作为嘉宾来直播间介绍产品。

## 👤 活动3 开展直播营销

小艾在提到直播营销的具体开展时，告诫大家千万要规划好流程，并做好每个环节的工作，否则很可能会出错。随后，她将自己的开展经验分享给大家。

**第一步** 策划直播营销脚本

直播营销脚本是确保直播流程顺畅进行的关键。通常，直播营销脚本中应包含5大要素，分别如下所示。

- **直播主题**。直播主题是直播亮点的提炼，如直播福利、直播产品、特邀嘉宾等。
- **直播营销目标**。即本场直播营销中需要达成的转化目标，是一个可量化、可实现的数值。
- **直播人员**。直播人员是直播营销中出镜的主要人员，如主播、助理、模特等。如果有安排幕后人员（如场控）监测弹幕、产品数据等，也可以在直播营销脚本中明确。
- **直播时间**。即直播营销的具体时间，通常用"××月××日××时××分～××时××分"表示。
- **直播营销流程**。即直播营销的时间规划和每个时间节点的事项，需要具体到什么时间、什么人、做什么事。

由于直播往往会持续数小时，因此，在策划过程中，可以先细致规划每个环节的内容及其所需时长，形成时间规划表，然后整合所有相关信息，策划出完整的直播营销脚本，从而保障整个直播的有序和高效。例如，某品牌将于7月2日10:00～13:00（3个小时，共180分钟）直播，直播产品有10款。该品牌营销人员先按照时间的先后顺序形成时间规划表（见表5-8），然后设计直播营销脚本（见表5-9）。

表 5-8 直播时间规划表

| 顺序 | 环节 | 时长 | 顺序 | 环节 | 时长 |
|---|---|---|---|---|---|
| 1 | 打招呼 | 5 分钟 | 6 | 福利抽奖 | 5 分钟 |
| 2 | 暖场互动 | 5 分钟 | 7 | 介绍后 5 款产品 | 50 分钟 |
| 3 | 活动介绍 | 15 分钟 | 8 | 福利抽奖 | 5 分钟 |
| 4 | 福利抽奖 | 5 分钟 | 9 | 热销产品返场 | 30 分钟 |
| 5 | 介绍前 5 款产品 | 50 分钟 | 10 | 下期预告 | 10 分钟 |

表 5-9 直播营销脚本

| 直播营销概述 | | | |
|---|---|---|---|
| 直播主题 | 清凉一夏，福利特惠 | | |
| 直播目标 | 3 个小时的直播结束后，完成 2000 份的新品销售、200 人的微信群引流 | | |
| 直播人员 | 主播：小米　　助理：小南 | | |
| 直播时间 | 7 月 2 日 10：00 ～ 13：00 | | |
| **直播营销流程** | | | |
| 时间 | 环节 | 主播 | 助理 |
| 10:00 ～ 10:05 | 打招呼 | 主播简单介绍，向客户问好，引导客户分享直播间 | 助理简单自我介绍，引导客户关注直播账号 |
| 10:05 ～ 10:10 | 暖场互动 | 分享最近的趣事，与客户互动 | 问候新进直播间的客户 |
| 10:10 ～ 10:25 | 活动介绍 | 介绍活动类型、参与条件和方式、奖品等，引导客户参与 | 补充主播遗漏的内容，引导客户参与 |
| 10:25 ～ 10:30 | 福利抽奖 | 实施抽奖 | 辅助完成抽奖 |
| 10:30 ～ 11:20 | 介绍前 5 款产品 | 逐个介绍产品，包括产品细节、使用方法、使用效果展示、福利展示等 | 配合演示产品、引导客户下单 |
| 11:20 ～ 11:25 | 福利抽奖 | 介绍活动类型、参与条件和方式、奖品等，引导客户参与，并实施抽奖 | 辅助完成抽奖，引导客户加入微信群，了解更多优惠信息 |
| 11:25 ～ 12:15 | 介绍后 5 款产品 | 逐个介绍产品，包括产品细节、使用方法、使用效果展示、福利展示等 | 配合演示产品、引导客户下单 |
| 12:15 ～ 12:20 | 福利抽奖 | 介绍活动类型、参与条件和方式、奖品等，引导客户参与，并实施抽奖 | 辅助完成抽奖，引导客户加入微信群，了解更多优惠信息及直播信息 |

（续表）

| 直播营销流程 | | | |
|---|---|---|---|
| 时间 | 环节 | 主播 | 助理 |
| 12:20 ～ 12:50 | 热销产品返场 | 询问客户想要再次讲解的产品，挑选几款热销的进行简单介绍，引导客户下单 | 辅助完成产品介绍 |
| 12:50 ～ 13:00 | 下期预告 | 预告下一场直播 | 引导客户加入微信群，了解更多优惠信息及直播信息 |

**第二步** 设计直播营销话术

直播营销话术是指主播在直播的过程中使用的语言，是针对产品特点、功能、材质等的口语化表达，是促成交易的关键。通常来说，直播营销话术既要通俗易懂，又要富有感染力，能够吸引并说服客户，还要严格遵守相关法律法规。根据直播营销活动流程，直播营销话术可以分为开场话术、引导关注话术、互动话术、产品介绍 话术、下播话术等。

（1）开场话术

开场话术是直播开始后使用的话术，用于开播时的打招呼、暖场互动等。话术示例如表 5-10 所示。

表 5-10　开场话术

| 场景 | 话术用途 | 话术示例 |
|---|---|---|
| 开播欢迎 | 打招呼 | 大家好，我是××，大家喊我××、××都可以 |
| | | 大家好，我是××，我们又见面了 |
| | | 欢迎××来到直播间，每次直播都能看到你 |
| 预热氛围 | 暖场互动 | 直播马上就要正式开始，大家赶快告诉自己的朋友，不要错过了 |
| | | 大家注意到我身后的场地了吗？对，今天的直播就在这里进行 |
| | | 今天晚上的直播非常精彩哦，不仅有你们心心念念的热销产品，还有各种惊喜福利等着大家，大家千万不要走开哦 |

（2）引导关注话术

引导关注话术主要用于鼓励客户关注直播间。这类话术往往会着重强调，关注直播间后客户能够享受到的福利，以及客户持续观看所带来的种种好处。此外，还可以通过明确的行为引导（如简单的操作指南），指引客户完成关注。

常见话术示例如下所示。

- **福利引导。**"还没有关注直播间的朋友，记得关注直播间，等会抽奖被抽中的概率更大哦。"
- **观看好处引导。**"接下来直播间还会给大家带来非常多的高质量产品，关注直播间不迷路哦。"
- **行为引导。**"刚刚进入直播间的朋友，记得点击一下屏幕上方的'关注'按钮，每次有福利，我们会第一时间通知您。"

（3）互动话术

互动话术是在直播过程中用来活跃气氛的话术，通常通过向客户提出问题或主动回答客户疑问等方式，增强直播的互动性和客户的参与度。常见话术示例如下所示。

- **向客户提出问题。**"刚刚讲述的内容，不知道大家有没有听懂，听懂的扣1，没听懂的扣2。""大家平时都喜欢看哪些书？有看过××吗？"
- **主动回答客户疑问。**"（读弹幕中显示的问题）'凤梨和菠萝有什么区别，需不需要泡盐水？'这位朋友，凤梨和菠萝的外形就不一样，你们看，这款凤梨的叶子是没有齿状的，而且削开皮就可以吃，不用泡盐水的。""（读弹幕中显示的问题）'主播喜欢哪款？'主播喜欢身上这款，这款我是有自留的。"

（4）产品介绍话术

产品介绍话术是专为讲解产品而设计的话语，其核心在于凸显产品的独特优势，如亲民的价格、精美的设计等。为使话术更具条理性和说服力，可以采用 FAB 法则，从而清晰地传达产品的特点、优势和带给客户的利益。例如，使用 FAB 法则为某款手机设计产品介绍话术，其使用方法如表 5-11 所示。

**表 5-11　使用 FAB 法则设计产品介绍话术**

| | 维度 | 设计思路 | 话术示例 |
| --- | --- | --- | --- |
| F | Feature 属性 | 介绍产品的属性，包括材质、成分、工艺、技术等 | 今天给大家隆重介绍这款 ×× 智能手机。大家看，首先它的外观非常有设计感，背面是皮革材质，上有高定刺绣压纹，显得经典雅致。其次，它的性能非常出色，搭配超聚光伸缩镜头，不管是拍近处的景物还是远处的风景，都非常清晰。而且，它的 AI 修图功能也很强大，可以一键智能消除路人、杂物等。此外，它还支持双卫星通信，是什么意思呢？即使手机没有信号，也可以通过卫星系统拨打、接听电话甚至发送图片消息 |

| 维度 | 设计思路 | 话术示例 |
|---|---|---|
| A | Advantage 优势 | 介绍产品不同于竞品的特色，如外观、核心技术、价格等 | 这款智能手机之所以能为大家带来震撼的视觉效果、卓越的摄影功能、智能化操作体验及双卫星通信能力，全都得益于其采用的众多高端技术，包括××芯片、5G技术、××摄影技术等 |
| B | Benefit 益处 | 介绍产品能给客户带来的好处，可以举例具体的使用场景 | 总的来说，这款智能手机品质出众、性价比极高。只需花费一部手机的金额，就能同时享受微单相机的拍照功能和平板电脑的功能。一机多用，非常划算 |

（5）下播话术

下播话术是直播结束时使用的话术，通常用于总结本场直播营销的内容、做下一场直播的预告、表达对客户的感谢等。常见下播话术示例如下所示。

- **总结本场直播营销的内容**。"好了，今天的健身直播就要跟大家说再见了。今天给大家介绍了8种强身健体的方法，希望大家平时多多练习，我们下次再见，拜拜。"

- **做下一场直播的预告**。"还有××分钟就要下播了，我来给大家说一下我们下一场直播的时间，下一场直播在后天19:00，优惠力度很大，大家一定要记得来哦。"

- **表达对客户的感谢**。"今天的直播到这里就要跟大家说再见了，非常感谢大家的支持，如果没有你们，不可能这么顺利，真的非常感谢！"

**第三步** 预热直播

完成直播的前期策划后，就可以为直播预热。直播预热可以为直播间引进更多流量，提醒客户准时观看直播。直播预热的方式很多，其具体形式和效果不一，常见的主要有以下两种。

- **在直播平台发布直播预告**。直播平台一般能支持发布直播预告，通过直播预告可以提前告知客户直播时间和主题，也方便得知预约直播的观看人数。发布直播预告的方法比较简单，以抖音为例，进入视频拍摄界面，点击底部的"开直播"选项，在打开的界面中点击"更多功能"选项，打开更多功能界面，点击"直播预告"选项，在打开的界面中点击 ［＋创建新预告］ 按钮，可在打开的界面中设置直播预告信息，如图5-45所示。

- 在第三方平台发布预热信息。即在微博、微信、小红书等第三方平台发布直播预热信息，以扩大信息的传播范围。

图5-45 在直播平台发布直播预告

第四步 搭建直播间并开播

直播间影响着直播画面的整体呈现效果，一般来说，应当保证简洁、整洁。直播间一般搭建在隔音效果、光线较好的室内，通常按照空间布局划分为背景区、主播活动区、摄像机和灯光设备摆放区及其他工作人员活动区等，其平面布局图和立体布局图分别如图 5-46、图 5-47 所示。

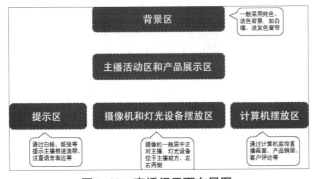

图5-46 直播间平面布局图

图5-47 直播间立体布局图

待所有人员、设备就位后，就可以正式开始直播。以抖音为例，点击开直播界面的 开始视频直播 按钮就能开播。

# 任务实践

## 实践1 策划书店直播营销脚本

### 实践描述

3 月 21 日是普罗米书店成立 5 周年的日子，普罗米书店计划在抖音开展 5

周年大促直播营销活动，以回馈广大读者多年来的支持。活动从 3 月 21 日持续到 3 月 23 日，活动期间，普罗米书店将推出多项优惠活动，如折扣（文学艺术、人文社科、励志读物类图书满 3 件打 5 折）、买一赠一（儿童读物）、满额赠送（热门小说满 199 元赠周边帆布包一个）、满减（其余小说满 88 元立减 20 元）等。此外，普罗米书店还会举行抽奖活动，中奖者可获得精美礼品和书签。直播时间为每日 10:00 ～ 20:00，共 5 类图书参与大促，分别是儿童读物、文学艺术、人文社科、小说、励志读物，共计 250 款图书，每一类图书 50 款，预计销售 1 万本图书。

## 操作指南

先明确直播营销定位，接着策划本场直播营销活动的直播营销脚本和直播话术，具体步骤如下。

**步骤 01** 明确直播主题。本次直播营销活动的亮点是多项优惠，结合这一亮点，可将直播主题确定为"5 周年大促，享折上折"。

**步骤 02** 明确直播人员。本次直播营销活动销售对象是图书，而每本图书都有丰富的文化内涵和价值，因此，应当选择对图书比较了解的专业人员来直播。此外，直播时间长达 10 小时，仅安排一个主播的话负担太重，根据直播时间可安排 3 个主播，每个主播直播 3 个小时 20 分钟。主播讲解期间，需要安排场控监测弹幕和图书销售数据，为减轻压力，场控可每 5 小时轮换一次。

**步骤 03** 规划直播时间。整场直播共计 600 分钟，需讲解图书 250 款。如果每本图书讲解 2 分钟，图书讲解部分需要花费 500 分钟。直播期间还涉及直播开场、活动开展、结尾告别等环节，如果直播开场花费 10 分钟、结尾告别花费 15 分钟、活动开展花费 25 分钟，还剩余 50 分钟。刚好直播的图书有 5 类，可以在每一类图书讲解完毕后再花费 10 分钟进行总结，并与读者互动。至此，各环节所需时间规划如表 5-12 所示。

表 5-12　时间规划表

| 顺序 | 环节 | 时长 | 顺序 | 环节 | 时长 |
|---|---|---|---|---|---|
| 1 | 直播开场 | 10 分钟 | 10 | 抽奖 | 5 分钟 |
| 2 | 讲解儿童读物 | 100 分钟 | 11 | 讲解小说 | 100 分钟 |

（续表）

| 顺序 | 环节 | 时长 | 顺序 | 环节 | 时长 |
|---|---|---|---|---|---|
| 3 | 与读者就儿童读物互动，答疑解惑 | 10 分钟 | 12 | 与读者就小说互动，答疑解惑 | 10 分钟 |
| 4 | 抽奖 | 5 分钟 | 13 | 抽奖 | 5 分钟 |
| 5 | 讲解文学艺术类图书 | 100 分钟 | 14 | 讲解励志读物 | 100 分钟 |
| 6 | 与读者就文学艺术类图书互动，答疑解惑 | 10 分钟 | 15 | 与读者就励志读物互动，答疑解惑 | 10 分钟 |
| 7 | 抽奖 | 5 分钟 | 16 | 抽奖 | 5 分钟 |
| 8 | 讲解人文社科类图书 | 100 分钟 | 17 | 结尾告别 | 15 分钟 |
| 9 | 与读者就人文社科类图书互动，答疑解惑 | 10 分钟 | | | |

**步骤 04**　完成直播营销脚本。汇总所有信息，形成直播营销脚本，如表5-13 所示。

表 5-13　直播营销脚本

| 直播营销概述 | |
|---|---|
| 直播主题 | 5 周年大促，享折上折 |
| 直播目标 | 销售 1 万本图书 |
| 直播人员 | 主播、场控 |
| 直播时间 | 3 月 21 日～3 月 23 日，每日 10:00～20:00 |

| 直播营销流程 | | | |
|---|---|---|---|
| 时间 | 环节 | 主播 | 场控 |
| 10:00～10:10 | 直播开场 | 主播简单介绍，向读者问好，并介绍本次直播的优惠活动 | 监测弹幕和图书销售数据 |
| 10:10～11:50 | 讲解儿童读物 | 依次讲解50 款儿童读物 | 监测弹幕和图书销售数据 |
| 11:50～12:00 | 与读者就儿童读物互动，答疑解惑 | 询问读者对于前面介绍的图书存在哪些疑问、对哪本书感兴趣、购买需求是什么，并介绍儿童读物的优惠活动 | 监测弹幕和图书销售数据 |

（续表）

| 直播营销流程 | | | |
| --- | --- | --- | --- |
| 时间 | 环节 | 主播 | 场控 |
| 12:00～12:05 | 抽奖 | 介绍抽奖规则、奖品等，并实施抽奖 | 在后台设置抽奖信息，并发布抽奖链接，查看抽奖结果 |
| ……（按照同样的流程，完成其余4类图书的讲解） | | | |
| 19:45～20:00 | 结尾告别 | 总结本场直播中销量好的图书，答疑解惑，并预告下一场直播（最后一天不用再预告，改为感谢读者的支持） | 监测弹幕和图书销售数据 |

## 👤 实践2　开展书店直播营销活动

### 实践描述

本次直播营销对于普罗米书店来说非常重要，为此，书店提前做足了准备，包括发布直播预告、开通抖音的商品橱窗功能。现在，普罗米书店需要按时开播，并发布图书购买链接，同时按时开展抽奖活动，营造良好的直播氛围。抽奖形式为福袋发放，奖品为人均10钻石（抖音的虚拟货币），每轮中奖人数为5人，参与方式为口令抽奖。

### 操作指南

#### 1. 开播并添加图书购买链接

先开播，然后发布讲解图书的购买链接，具体步骤如下。

**步骤 01**　开启直播。打开"开直播"界面，点击 开始视频直播 按钮，在主播开场的过程中点击抖音直播间下方的"商品"按钮 。

**步骤 02**　进入添加商品界面。打开电商经营界面，如图5-48所示，点击 添加直播商品 按钮，进入添加商品界面。

**步骤 03**　添加第1款儿童读物。选择要添加的第1款儿童读物，然后点击 确认添加 按钮，如图5-49所示。

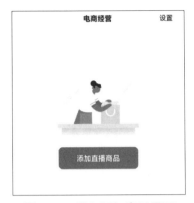

图5-48　进入添加商品界面

图5-49　添加第1款儿童读物

### 2. 开展抽奖活动

设置抖音福袋，并发布，具体步骤如下。

**步骤 01** 打开福袋设置界面。在直播间界面下方点击"互动"按钮，在打开的面板中点击"福袋"选项，如图5-50所示。

**步骤 02** 设置福袋。在打开的界面中设置人均可得钻石、可中奖人数、参与对象、参与方式等，最后点击"发起福袋"按钮，如图5-51所示。

图5-50　点击"福袋"选项

图5-51　设置钻石福袋

## 任务六　短视频营销转化

### 任务描述

小艾提到，在本次工作中，A品牌一直渴望提升他们的短视频营销转化效果。她在了解情况后，第一时间是全面审查A品牌过去的短视频内容，一开始没有找到问题的关键。于是，她邀请老李一起分析。在老李的帮助下，问题很快浮出水面：一是内容策划不够吸引人，二是营销推广力度不够。

## 任务实施

### 活动1 策划短视频内容

说到这里，小艾觉得有必要提醒大家，优质的短视频内容才能够获得更多的关注，也更容易促进产品的销售和品牌的传播。

**第一步** **确定短视频选题**

选题是短视频内容的基调，一般与企业所在行业、个人特长和身份等有关。例如，企业所在行业为科技行业，新推出一款 AI 大语言模型，准备为该模型制作宣传短片，该短片的选题可以是科技展示或技术科普等。

**第二步** **确定内容类型**

同样的选题可以用不同的风格展示，从而呈现出不同的视觉效果。常见的短视频内容类型如下所示。

- **图文拼接**。将图片拼接在一起，并添加文字说明和背景音乐，制作成短视频。
- **故事短剧**。以真实生活中发生的事件为创作素材，并通过艺术手法进行加工与展现，时长通常为几分钟到十几分钟不等。
- **真人解说**。通常是真人（出镜或者不出镜）向用户讲解各种知识，包括特定领域的专业知识或热点事件等。
- **Vlog**。以短视频创作者为主角，用短视频记录自己的生活经历，非常具有个人特色。
- **广告短片**。在短视频中直接展示产品或品牌（如产品优势、品牌活动等），或将产品或品牌植入某些生活场景（如在桌面放置产品、品牌Logo，背景中有品牌专属广告声音等）。

**第三步** **策划短视频脚本**

短视频脚本是对短视频内容和具体拍摄工作的详细介绍，包括事件的起因、经过、高潮、结尾，以及拍摄的先后顺序、拍摄方式、时长等，常用分镜头脚本展示。分镜头脚本是以文字的形式直接表现不同镜头的短视频画面，包括镜号、景别、

拓展阅读

景别和拍摄方式

拍摄方式、画面内容、台词、背景音乐/音效、时长等项目。表 5-14 所示为某电商品牌在春节发布的广告宣传短片的分镜头脚本。

表 5-14　分镜头脚本

| 镜号 | 景别 | 拍摄方式 | 画面内容 | 台词 | 背景音乐/音效 | 时长 |
|---|---|---|---|---|---|---|
| 1 | 全景 | 推镜头 | 春节前夕，城市街头张灯结彩，熙熙攘攘的人群 | 旁白：春节将至，城市的每一个角落都弥漫着家的味道 | 欢快的春节音乐 | 5秒 |
| 2 | 中景 | 推镜头 | 小李在商场精心挑选礼物 | 台词：这个爷爷奶奶可能会喜欢，这个妈妈应该会喜欢 | 商场背景音 | 4秒 |
| 3 | 近景 | 固定镜头 | 小李手中的红色礼盒，特写镜头展现礼盒细节 | 无 | 温馨的音乐 | 2秒 |
| 4 | 全景 | 移动镜头 | 小李乘坐高铁，窗外是飞驰而过的风景 | 无 | 高铁行驶的声音 | 4秒 |
| 5 | 中景 | 推镜头 | 小李回到家，与家人拥抱，脸上洋溢着幸福的笑容 | 台词：我回来了 | 温馨的团聚音乐 | 5秒 |
| 6 | 近景 | 固定镜头 | 家中的老人，手里捧着小李购买的礼物，眼中含泪 | 台词：这孩子，还记得我喜欢吃这个 | 温馨的轻音乐 | 3秒 |
| 7 | 全景 | 拉镜头 | 一家人围坐在餐桌旁，分享小李购买的礼物，笑声连连 | 旁白：家的温暖，就在这一份份礼物中传递 | 欢快的家庭聚餐音乐 | 4秒 |
| 8 | 中景 | 固定镜头 | 家人把腊肉、香肠等塞进小李的行李箱 | 无 | 感人的音乐渐强 | 5秒 |
| 9 | 近景 | 固定镜头 | 小李打开行李箱，看着里面塞满的年货，笑了 | 无 | 感人的音乐渐弱 | 3秒 |
| 10 | 远景 | 拉镜头 | 从小李的家到夜幕下的整个城市 | 广告语：交换，是为了把最好的留给对方。××（品牌名）春节，让爱回家 | 舒缓的音乐 | 2秒 |

### 活动2　拍摄和制作短视频

有人向小艾提问："只有好的策划是不够的，还需要精准拍摄还原脚本，并结合后期制作为短视频锦上添花，你是怎么处理的？"小艾表示，她当时在研究 A 品牌的短视频及其他热门短视频时发现，使用手机拍摄和制作短视频是主流，便邀请部门中擅长这方面技能的同事一起使用手机拍摄和制作短视频。

#### 1. 拍摄短视频

使用手机拍摄短视频的方法比较简单，具体方法为：准备脚本中镜号 1 所需的人、物、场地，将手机放置在稳定器或支架上，打开手机相机，点击"录像"选项准备拍摄；调出参考线（可在设置界面的"通用"栏中开启）调整拍摄对象在录像界面的位置，调整完毕后点击⦿按钮拍摄镜号 1；拍摄完毕后点击⦿按钮结束镜号 1 的拍摄，如图 5-52 所示。然后重复操作，继续拍摄其余镜号的内容，但需根据脚本中的景别调整手机与拍摄对象之间的距离，根据拍摄方式调整手机的角度。

图5-52　拍摄短视频

#### 2. 制作短视频

短视频制作绝非素材的胡乱拼凑，需要使用合适的制作软件，按照精细化的制作流程，打造出有逻辑、有节奏、有吸引力的视觉作品。

- **制作软件**。短视频的制作软件较多，常用的有剪映、Premiere等。其中，剪映的操作比较简单，直接使用内置的模板便可制作出一支短视频，也可使用各类视频特效、抖音热门音乐、贴纸、滤镜等自行制作，新手都可以快速上手。Premiere是一款专业的视频编辑软件，其编辑画面质量较高，提供有采集、剪辑、调色、美化音频、字幕添加、输出、DVD刻录等功能，但操作较难，适合有制作基础的用户。

- **制作流程。**一般是先根据时间顺序或脚本顺序整理短视频素材，然后将短视频素材导入剪辑软件，再分割短视频素材、设置字幕、转场、背景音乐、音效等，最后导出成品。

### 活动3 营销推广短视频

小艾深知营销推广对转化的重要性，针对 A 品牌营销推广力度不够这一问题，她与老李深入探讨过，觉得问题出在对目标客户的把握不精准，应当采用免费与付费相结合的营销推广方式，以最大化覆盖目标客户。随后，小艾将她认为营销效果较好的方法分享给大家。

#### 1. 免费营销推广

短视频营销推广可以为短视频带来更多的流量，从而通过短视频内容本身促进内容的转化。多平台分发短视频、参加官方活动等都是比较有效的免费营销推广方法。

- **多平台分发短视频。**即将短视频发布到微博、微信、小红书等主流平台，扩大短视频的覆盖面，为短视频引来更多客户的关注和支持。注意，为确保影响力，每个平台的账号头像、昵称最好保持一致。
- **参加官方活动。**即参加短视频平台的官方活动，这些官方活动的热度通常较高，根据活动要求制作短视频，以获得更高的热度。一般在短视频平台的创作者中心可找到最新的官方活动。

#### 2. 付费营销推广

付费营销推广可以增强短视频的影响力，获得较大的流量支持。投放广告、KOL 推广、发起挑战赛、使用推广工具等都是比较常用的付费营销推广方法。

（1）投放广告

在短视频平台也可以通过投放广告的方式提高短视频的曝光量，其中，投放频率较高的两种广告类型分别是开屏广告和信息流广告。开屏广告客户启动短视频平台就必须观看，推广效果好，但价格比较高；信息流广告可以灵活地穿插于各类短视频中，可以给客户带来沉浸式体验，容易获得较高的曝光量。

（2）KOL 推广

企业可以根据产品特点、品牌调性、预算等选择合适的达人进行营销推广，选择时，一般优先考虑粉丝多、与产品和品牌相契合的达人。抖音的巨量星图、快手的磁力聚星、小红书的蒲公英中都可以找到本平台活跃的达人，平台也会给予一定的流量扶持。

（3）发起挑战赛

企业可以自行发起挑战赛，为短视频引流，并推广产品或品牌。这种形式可以增强与客户的互动，促进短视频的传播，但要求企业具有较高的知名度。

（4）使用推广工具

使用推广工具推广是短视频营销推广常用的方法，这种方法可以有效提升短视频的播放量、互动量等。各大短视频平台都推出了官方的推广工具，其中，DOU+、快手粉条、薯条推广是比较常用的工具，三者分属于不同的平台，有细微的差别，如表5-15所示。

表5-15　推广工具

| 推广工具 | 隶属平台 | 特点 |
| --- | --- | --- |
| DOU+ | 抖音 | 使用DOU+推广的短视频不会有广告标识 |
| 快手粉条 | 快手 | 分速推版和标准版两个版本，其中，速推版的设置简单，标准版的设置更为复杂 |
| 薯条推广 | 小红书 | 有内容加热和营销推广两种形式。其中，内容加热主要面向个人，营销推广面向企业及个人 |

## 任务实践

### 实践1　策划并制作书店广告短片

**实践描述**

世界读书日即将到来，在这个特殊的日子里，普罗米书店希望通过一则广告短片，强化书店品牌形象，吸引更多的人走进书店，享受阅读的乐趣。

**操作指南**

#### 1. 策划广告短片

先明确广告短片的选题和标题，然后策划广告短片的主要内容和分镜头脚本，具体步骤如下。

**步骤 01** 明确短片选题。该广告短片主要是借助世界读书日宣传书店，因此，可以将选题确定为"世界读书日，来普罗米书店享受阅读"。

**步骤 02** 明确短片标题。短片标题是对选题的升华，体现短片主导的价值观，会在发布后展示在短片播放界面，被每一位读者看到。因此，为吸引更多读者点击短片，可以借势世界读书日的热度及阅读给读者带来的好处，将短片标题确定为"世界读书日，在书中看见更大的世界"。

**步骤 03** 策划主要内容。读万卷书，行万里路。每一本书都是一个小世界，因此，可以展示丰富的馆藏图书，以及书店的内部环境，暗示读者来普罗米书店买好书、多读书。

**步骤 04** 策划分镜头脚本。书店面积较大，为展示图书的品类多样，可以以全景、移动镜头为主，全方位展示图书和书店内部环境，并配以悠扬的背景音乐，具体如表5-16所示。

**表5-16　短片分镜头脚本**

| 镜号 | 景别 | 拍摄方式 | 画面内容 | 台词 | 背景音乐 | 时长 |
|---|---|---|---|---|---|---|
| 1 | 全景 | 移动镜头 | 从左往右拍摄书架上的图书 | 旁白：我希望你读很多的书 走很远的路 | 悠扬的背景音乐 | 6秒 |
| 2 | 全景 | 移动镜头 | 摆满整面墙的图书，以及书店环境 | 旁白：看过山川湖海 也见过人山人海 | | 6秒 |
| 3 | 全景 | 移动镜头 | 摆放整齐的图书，以及咖啡馆、桌椅等设置 | 无 | | 5秒 |
| 4 | 近景 | 移动镜头 | 仰拍展示书店内部的拱顶 | 无 | | 4秒 |
| 5 | 近景 | 移动镜头 | 张贴在墙壁上的标语 | 无 | 悠扬的背景音乐 | 4秒 |
| 6 | 中景 | 移动镜头 | 放置在书架上的图书 | 无 | | 6秒 |
| 7 | 全景 | 移动镜头 | 从上往下展示书店内部布局 | 无 | | 5秒 |
| 8 | 全景 | 移动镜头 | 书店内部布局 | 无 | | 5秒 |
| 9 | 远景 | 移动镜头 | 远处读者走进书店选择图书 | 广告语：世界读书日，在书中看见更大的世界 普罗米书店 | | 2秒 |

### 2. 制作广告短片

按照分镜头脚本拍摄广告短片，并使用剪映制作广告短片，具体步骤如下。

微课视频

制作广告短片

**步骤 01** 拍摄广告短片。选择一面放满书的墙壁，将手机放在书架底部，点击◉按钮拍摄镜号1，然后结束拍摄。调整拍摄位置，远离书架，并展示出周围环境，拍摄镜号2。使用相同的方法，按照分镜头脚本拍摄其余内容。

**步骤 02** 导入素材。打开剪映专业版，在首页单击 ＋ 开始创作 按钮，打开剪辑界面。单击菜单栏中的"导入"按钮◉导入镜号1，将导入的素材拖曳到视频轨道上，如图5-53所示。使用相同的方法将其他视频素材添加到视频轨道（配套资源:\素材\项目五\"广告短片视频素材"文件夹）。

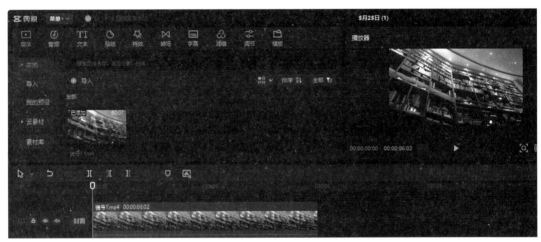

图5-53 导入素材

**步骤 03** 分割并删除视频素材。单击"分割"按钮Ⅱ分割视频素材，选择分割后需要删除的视频片段，单击"删除"按钮🗑删除。

**步骤 04** 添加背景音乐。单击菜单栏中的"音频"按钮◉，打开面板的搜索框中输入"纯音乐"，单击音乐试听，确定后单击音乐对应的◉按钮添加音乐到视频轨道上，如图5-54所示。使用"分割"按钮Ⅱ分割超出视频时长的音乐，单击"删除"按钮🗑删除多余音乐。

**步骤 05** 添加字幕。单击菜单栏中的"文本"按钮🆃，在打开的面板中选择"新建文本"—"默认"选项，单击"默认文本"对应的◉按钮为视频添加字幕，如图5-55所示。输入字幕内容，调整字幕在视频画面中的位置。

**步骤 06**　导出短视频。单击剪辑界面右上角的 导出 按钮，导出短视频。

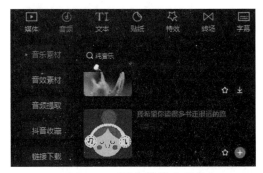

图5-54　添加背景音乐

图5-55　添加字幕

## 实践2　多平台推广书店广告短片

### 实践描述

世界读书日当天，普罗米书店需要通过微博、抖音发布广告短片，以扩大广告短片的影响力，并呼吁广大读者多多阅读。

### 操作指南

依次在微博、抖音发布并推广广告短片，并为广告短片投放 DOU+，具体步骤如下。

#### 1. 在微博发布并推广广告短片

**步骤 01**　撰写营销文案。该营销文案可直接呼吁读者多读书，应保证简洁明了、通俗易懂，如"你有多久没有读书了？今天是世界读书日，不妨试着把时间留给书籍。在书中读懂自己，也读懂世界"。

微课视频

在微博发布并推广
广告短片

**步骤 02**　上传广告短片。在微博App首页点击 ⊕ 按钮，在打开的列表中点击"视频"选项，在打开的界面中点击广告短片（配套资源:\素材\项目五\普罗米书店广告短片.mp4），依次点击 下一步(1) 按钮、下一步 按钮。

**步骤 03**　编辑营销文案。打开微博界面，点击 # 按钮插入话题"世界读书日"，然后在话题后输入营销文案，如图5-56所示。

图5-56　编辑营销文案

**步骤 04** 修改封面。点击 修改封面 按钮，打开修改封面界面，在其中滑动视频选择最后一个视频片段，点击 确定 按钮完成修改，如图5-57所示。

**步骤 05** 设置类型和标题。返回发微博界面，在"类型"栏中点击"原创"选项，在"标题"栏中输入标题，如图5-58所示。发布后的效果如图5-59所示。

图5-57　修改封面　　　图5-58　设置类型和标题　　　图5-59　发布效果

### 2. 在抖音发布并推广广告短片

**步骤 01** 撰写抖音营销内容。该营销内容可以引导读者观看广告短片多多阅读，可以直接使用微博营销文案。

**步骤 02** 上传广告短片。在抖音首页点击 + 按钮，在打开的界面中选择"相册"选项；打开所有照片界面，选择广告短片，在打开的界面中点击 下一步 按钮。

**步骤 03** 发布广告短片。打开发布界面，在其中输入短片标题，并点击 # 话题按钮添加"普罗米书店"话题；点击"选封面"选项在打开的界面中选择封面，返回发布界面，点击 发布 按钮完成发布，如图5-60所示。

图5-60　发布广告短片

**步骤 04** 投放DOU+。在广告短片播放界面点击■■■按钮，打开"分享给朋友"面板，在其中点击"上热门"选项；打开DOU+上热门界面，默认选择广告短片、"点赞评论量"选项、"特惠套餐"选项，点击设置投放金额为"100元"，如图5-61所示，点击 使用新人优惠，一键投放 按钮支付。

图5-61　投放DOU+

## 知识拓展 搜索引擎营销

搜索引擎营销也是当前主流的营销方式之一，是借助百度、360 搜索、搜狗搜索等搜索引擎，通过关键词等使企业网站或个人网站、网页在搜索引擎的搜索结果中处于较好的位置，在客户搜索时将营销信息传递给目标客户，从而达到营销目的。

扫描右侧二维码，了解搜索引擎的工作原理和主要营销方式。

拓展阅读

搜索引擎营销

## 同步练习

### 1. 单选题

（1）小美是某服饰品牌的忠实粉丝，经常购买该品牌的服饰。由此可以看出，小美拥有的消费心理是（　　）。

A. 求廉心理　　　　　　　　　B. 求名心理

C. 求惯心理　　　　　　　　　D. 求安心理

（2）快手在新推出快手极速版 App 后，曾在线下推广该 App。推广时，工作人员承诺，新用户注册登录快手极速版 App，可现场免费领取一只大白鹅玩偶。这是采用的（　　）投放渠道。

A. 应用商店　　　　　　　　　B. 线下媒体

C. 线下门店　　　　　　　　　D. 地推

（3）小林租的房子马上到期，他不打算续租，想要重新换一个离公司近的房子。在找房的过程中，小林倾向于寻找无中介的房子，以省下一笔中介费。为此，他加入了一个名为"无中介租房群"的社群。该社群会分享一些房东直租或者转租的房源。这个社群的命名方法是（　　）。

A. 围绕目标客户需求来命名　　B. 围绕核心产品来命名

C. 围绕社群灵魂人物来命名　　D. 围绕地区来命名

### 2. 多选题

（1）直播营销的模式有（　　）。

A. 直播＋带货　　　　　　　　B. 直播＋发布会

C. 直播＋活动　　　　　　　　D. 直播＋访谈

（2）短视频的付费营销推广方法有（　　　）。

A. 投放广告　　　　　　　　　B. KOL 推广

C. 多平台分发短视频　　　　　D. 使用推广工具

（3）分享和推广小程序的方法有（　　　）。

A. 微信群分享　　　　　　　　B. 小程序互推

C. 支付界面引流　　　　　　　D. 小程序二维码推广

## 3. 判断题

（1）设计营销转化路径时，不用考虑成本。　　　　　　　　　　（　　　）

（2）FAB 法则是用于设计互动话术的。　　　　　　　　　　　（　　　）

（3）DOU+ 是抖音的付费推广工具。　　　　　　　　　　　　（　　　）

## 4. 简答题

（1）简述营销转化路径的设计流程。

（2）简述直播营销转化的流程。

（3）简述短视频营销转化的方法。

（4）简述线上的社群营销活动有哪些。

（5）简述 App 的广告类型有哪些。

## 5. 操作题

（1）某全品类主播积累了很多粉丝，为增强粉丝的黏性，该主播准备成立一个名为"粉丝福利群"的微信群。假设你是该主播团队的一员，请在微信创建该微信群。

（2）某主播下一场直播中会介绍广西沙田柚，请使用 FAB 法则为沙田柚写作产品介绍话术。沙田柚的信息如下所示。

- **产地**。广西容县沙田村（该地所产沙田柚非常出名，故以该地名命名）。
- **产品特点**。皮厚耐放，越放越甜，香气馥郁；果肉饱满，籽大且多是特色。农家种植，自然成熟，产地直发。
- **食用方法**。可直接食用果肉，果皮可做成柚子茶。
- **净重**。单果净重较大，一个沙田柚大概1.6～2.5斤。
- **产品价格**。日常价5斤27元、9斤39元；直播价5斤18元、9斤28.9元。
- **售后**。坏果包赔。

# 项目六

## 数字化裂变营销

**职场情境**

　　最近，老李带领小艾参加了行业内权威的数字互动营销专家座谈会，学习前沿数字互动营销知识。会上，多位专家深入讲解裂变营销的重要性，这一直是老李和小艾所忽视的方面。老李和小艾听后深受启发，他们意识到如果能够巧妙运用裂变营销，不仅能极大地节省营销成本，还能使营销效果成倍提升。

**学习目标**

✈ **知识目标**

1. 分析客户的分享动机和促进裂变的核心因素。
2. 归纳开展口碑式裂变营销的方法。
3. 归纳开展利益式裂变营销的方法。
4. 归纳开展社交式裂变营销的方法。

✈ **技能目标**

1. 能够帮助企业打造良好的口碑并引导客户分享口碑。
2. 能够通过利益引导客户自发分享企业。
3. 能够通过微博、微信、小红书为企业积累更多的客户。

✈ **素质目标**

1. 培养综合性思维，能够合理利用多种裂变营销方式。
2. 以开放的心态看待新技术，合理利用 AIGC 工具。

**项目导入**

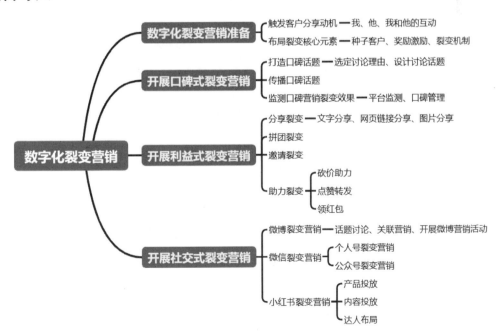

# 任务一　数字化裂变营销准备

## 任务描述

在会上，小艾了解到，裂变营销就是指客户像细胞分裂一样，从一个快速分裂成无数个。在这一过程中，客户由少到多，分裂的速度越来越快，最终形成一个庞大的客户群体。

## 任务实施

### 👤 活动1　触发客户分享动机

通过会议，小艾知道，裂变营销之所以能够产生如此大的作用，主要是因为每位客户都有自己的社交关系网，如果每位客户都向他人分享企业的相关信息，基于这一社交网络，企业相关信息的客户数量会成倍增加，如图 6-1 所示。

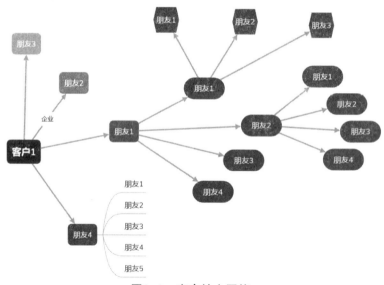

图6-1　客户社交网络

在此过程中，企业需要做的核心工作便是触发客户的分享行为，而该行为受分享动机的驱使。客户分享动机主要体现在 3 个维度，分别是我、他、我和他的互动。

#### 1. 我

这一维度强调客户的自我动机，该动机的出发点是利己，即客户分享是为满足自身需求。从这一维度来说，客户的分享动机主要涉及表6-1所示的5个方面。

表6-1　"我"的分享动机

| 分享动机 | 说明 |
| --- | --- |
| 自我宣泄 | 分享纯粹只为表达情绪，如"今天食堂的饭菜真难吃！" |
| 自我记录 | 分享是为记录自己的日常生活状态或达成的某项成就，如"今天和朋友一起打卡故宫""挑战半程马拉松，完成" |
| 自我获利 | 通过分享向他人求助，从而使自己获利，如拜托他人帮忙完成拼多多的砍一刀活动，帮助自己免费获得产品 |
| 自我标榜 | 通过分享为自己贴标签，表明自己的身份、地位等，彰显自己的形象 |
| 自我实现 | 通过分享来弥补现实中的自我缺失，包括自我价值感缺失、缺乏目标、缺乏社交认同感等，如现实中不自信的人，在网上分享自己的生活时，被网友鼓励，逐渐发现自己的闪光点 |

### 2. 他

这一维度强调客户的利他动机，即客户通过分享可以给他人带来好处，如分享的内容对他人有帮助，通过分享支持或声援某个观点、事件或品牌等。例如，客户主动向他人分享企业的正面事件，帮助企业树立良好的企业形象。

### 3. 我和他的互动

这一维度强调客户的分享动机是出于培养和维护人际关系这一目的，包括与他人建立人际关系、加深与他人的人际关系等。例如，客户及其朋友都喜欢看动漫，客户在看到内容精彩的动漫时，主动向朋友分享这一动漫，以维护双方之间的友谊。

> **经验之谈**
>
> 很多时候，客户同时存在多种分享动机，这些分享动机共同促使客户做出某种分享行为，因此，不能孤立地看待客户的分享动机。

## 活动2　布局裂变核心元素

小艾趁提问环节，向专家提问："在数字化裂变营销的过程中，如何触发客户的分享动机，使其做出分享行为？"专家回答道："这需要企业把握裂变营销的核心元素，以提升裂变效果。"

### 1. 种子客户

要开展裂变营销，首先得有一批分享意愿强的种子客户。种子客户又称为高忠诚度客户，通常对企业的品牌或产品高度认可，并且很信任企业。基于这份认可，种子客户通常会主动分享企业的品牌或产品。对于企业而言，选择种子客户作为裂变营销的分裂者，有助于提高裂变的成功率。

当然，企业在选择种子客户时，应当谨慎，最好是品牌或产品所属细分领域的忠实客户，从而获得比较精准的种子客户。

### 2. 奖励激励

即使是种子客户，也不可能无怨无悔地付出，企业需要给予其一定的奖励激励，以激发其持续的分享行为。这个奖励激励通常需要满足以下4个特点。

- **满足客户刚需且普遍适用**。即满足客户当前的需求，且任何客户都可以使用，如优惠券、美食制作教程。
- **获取门槛低**。即不需要客户花费过多的时间、精力等，也不需要客户完成任务，通常是分享即可获得。
- **花费成本低**。即奖励激励本身及其发放成本低，在企业可承担范围内。
- **与产品相关**。即奖品是产品或与产品相关的福利。例如，某食品企业在社群举行裂变活动，将新上市的雪花酥产品设置为奖品。

### 3. 裂变机制

裂变机制即裂变的玩法，裂变机制越复杂，越不利于激发客户分享意愿，也不利于裂变活动的持续开展。因此，企业在设计裂变机制时，应当以简单、合理为主，由此激发客户的自主分享和传播欲望。常见的裂变机制主要分为两类，分别是实体裂变、软件产品裂变。

- **实体裂变**。实体裂变需要借助人工（如客服）实现，由人工发布分享链接和发放奖励。例如，某餐饮店为获取更多客户开展裂变活动，裂变机制为：客户通过扫描店员提供的大众点评二维码，在大众点评中发布该餐饮店的打卡信息，并给予好评，将发布信息给店员查看后，可获得一杯杨梅汁。
- **软件产品裂变**。软件产品裂变不需要借助人工实现，而是借助软件实现。现在，很多软件自带分享功能，支持客户分享页面、视频、图片等，分享后，客户好友点击分享的链接或二维码等会进入该软件，软件在识别到客户好友的点击行为后会自动给客户发放奖励。例如，叮咚买菜为增加客户数量，曾设置裂变活动，客户向好友分享叮咚买菜的链接，好友点击注册后，该客户可获得一定金额的奖励。

## 任务实践　制定音乐节裂变策略

### 实践描述

知名音乐平台云听（音乐质量好、服务态度好，很受听众欢迎）将在榕市举办宝藏音乐节，以扩大平台知名度。在正式开始前，举办方需要采取一定的措施，扩大音乐节的声势，吸引更多的观众前来观看。音乐节相关信息如下所示。

- 演出时间。5月2日15:00～21:00。
- 地点。榕市露天音乐广场。
- 嘉宾阵容。10位近期热门的歌手，分别是李×、陈×、毛×、廖×、孟×、周×、钟×、张×、王×、陆×。
- 举办方。音乐平台云听。
- 赞助商。可口可乐。
- 购票平台。票星球。
- 门票票档。早鸟票288元/张、正价票368元/张、VIP票458元/张、两人团购正价票620元、两人团购VIP票800元。

### 操作指南

先分析观众的分享动机，然后以此为依据，制定裂变策略，具体步骤如下。

**步骤 01**　分析观众的分享动机。根据观众的观看需求以及音乐节可以为观众提供的利益，分析观众的分享动机，如表6-2所示。

表6-2　观众的分享动机

| 分享动机 | 具体内容 |
| --- | --- |
| 我 | 记录自己购买音乐节门票的经历，或寻求他人的帮助 |
| | 记录自己观看音乐节的经历 |
| | 分享自己喜欢的歌手 |
| | 吐槽或称赞举办方的场地设置、现场调度、服务态度等 |

（续表）

| 分享动机 | 具体内容 |
|---|---|
| 他 | 为别人提供购票或观看攻略 |
| | 通过文字、图片、视频等方式，分享喜欢歌手的出场顺序、表演歌曲、现场表演等，向未能参与的歌手粉丝提供消息 |
| | 向其他人推荐歌手 |
| 我和他的互动 | 举办方在与观众互动的过程中，通过某种奖励激励观众分享 |

**步骤 02** 制定裂变策略。结合观众的分享动机，以及音乐节开展流程（宣传→门票发布→演出），制定裂变策略，如表6-3所示。

表6-3 裂变策略

| 流程 | 策略 | 具体内容 |
|---|---|---|
| 宣传 | 线上宣传 | 在各大社交媒体平台上（如微博、微信、小红书等）发布相关动态，包括歌手介绍、活动亮点、购票平台等 |
| | | 在社交媒体平台发布宝藏音乐节相关话题，开展话题讨论活动，并打造良好口碑 |
| | | 在社交媒体平台开展抽奖活动，鼓励观众分享音乐节信息，奖品为音乐节门票、歌手签名照等 |
| | 线下宣传 | 在榕市各大商场、公共交通工具等投放广告，吸引更多本地观众 |
| 门票发布 | 与主流票务平台合作 | 在票务平台上发布早鸟票、团购票等优惠性质的门票，刺激观众购票 |
| 演出 | 直播 | 在多个平台开展音乐节的现场直播，让无法到场的观众也能感受到音乐节的氛围，进一步扩大影响力 |

## 任务二　开展口碑式裂变营销

### 任务描述

　　在意见交流的过程中，一位专家提到，如果企业的产品或服务比较优质，比较适合采用口碑（客户对企业的评价）式裂变营销。这让小艾想到某国货老品牌"翻新"的案例，该品牌是个糖果品牌，产品质量没的说，口碑一直很好，但却逐渐没落，最近再度爆火。该案例的提出又引发新一轮的讨论。

**任务实施**

### 活动1 打造口碑话题

专家说，口碑式裂变营销是利用各种手段，引发目标客户对企业的正面讨论，并激励客户主动向他人推荐企业的产品、服务等，以促进企业产品、服务的快速传播。面对国货老品牌的再度焕新，专家表示，该品牌就是典型的口碑式裂变营销，先利用口碑打造话题，激发客户的讨论欲望和好奇心，为后续的裂变营销做准备。

第一步 选定讨论理由

首先，需要给客户提供讨论的理由，这个理由可以与产品、价格、活动、代言人等有关，也可以与服务品质、产品外观或企业创始人的独特魅力等有关。

第二步 设计讨论话题

一旦选定合适的讨论理由后，就可以据此设计话题，如企业代言人更换、产品的创新理念等，以激发客户的自主传播和分享行为，从而推动口碑式裂变营销的实现。

例如，该国货老品牌是很多人儿时的回忆，于是以产品为话题打造对象，与另外一个同样口碑较好的唇膏品牌合作，推出奶糖味唇膏。奶糖、唇膏本属于不同类目的产品，于是，该品牌借助这种"混搭"打造话题"奶糖品牌××竟然出唇膏了"，并发布相关信息到微博上，短时间内吸引众多网友围观，引起很大反响。

### 活动2 传播口碑话题

该老品牌的口碑话题为什么能够获得如此大的传播效果？专家表示，主要原因有两点：一是利用网络平台进行高效传播和裂变，这是口碑式裂变营销的核心；二是与其他优秀品牌合作，产生1+1＞2的效果。后者实际属于传播技巧，巧妙运用各种传播技巧，可以确保口碑话题能迅速扩散并产生裂变效应。

（1）与其他品牌合作

一些具有好口碑的品牌，在推荐其他品牌时，往往会使客户对被推荐的品牌建立起良好的印象。因此，与优秀的品牌合作可以带动自身品牌的口碑传播。

（2）利益与价值引导

在传播的过程中，企业可以为客户提供部分利益（如转发抽奖、低价促销等），或者通过文字、宣传短片等宣传品牌理念或价值观，促使客户主动参与并传播话题。

（3）举办公益活动

企业开展公益活动不仅能够引起客户的关注，还可以树立良好的企业形象。在举办公益活动时，企业应当注意两个方面：一是公益活动尽量结合热门社会议题，如关爱老人、关爱留守儿童等，以获得更多的关注度；二是公益活动应结合企业自身情况，如活动成本可控、活动中融入企业产品或服务等。

---

**经验之谈**

口碑传播过程中，企业的营销人员需要主动参与客户的话题讨论，与客户深入交流，以确保口碑话题的讨论可以延续下去，并拉近与客户的距离。

---

### 活动3　监测口碑营销裂变效果

在最后讨论阶段，专家提到一个很多人都忽视的点，该品牌在裂变营销过程中会实时监测口碑营销裂变进展，这是非常重要的。通过实时监测，企业可以了解客户讨论的内容，收集客户的反馈意见，并根据实际情况调整裂变营销策略，以防口碑反噬。具体可以通过以下两种方法来进行监测。

- **平台监测**。通过监测社交媒体平台、在线论坛等，实时了解口碑裂变的情况。例如，在微博搜索企业名称，了解最新口碑动态；进入企业相关话题，查看话题数据。
- **口碑管理**。建立完善的口碑管理体系，针对不利于口碑发展的不良情况提出应对措施，并及时回应客户的负面评价。

## 任务实践　为音乐节举办方开展口碑式裂变营销

**实践描述**

根据裂变策略，举办方需要为宝藏音乐节打造良好的口碑，吸引更多人关注音乐节，并分享传播与音乐节相关的内容。

**操作指南**

先设计与音乐节相关的口碑话题，然后传播口碑话题，具体步骤如下。

**步骤 01** 设计口碑话题。该音乐节是首次举办，就音乐节本身而言缺乏口碑基础，此时可以从举办方、歌手的角度间接体现音乐节的口碑，并设计话题。据此思路，完成表6-4。

表 6-4 设计口碑话题

| 设计角度 | 原因 | 口碑话题 |
|---|---|---|
| 举办方 | 提示：音乐质量、服务态度 | 如：云听宝藏音乐节 |
| 歌手 | 提示：歌手的热度 | 如：谁是你的心仪歌手 |

**步骤 02** 传播口碑话题。根据举办方和赞助商、歌手的合作关系，采用与其他品牌合作这一方法传播口碑话题。其中，举办方和赞助商通过互相转发带口碑话题的图文传播，歌手通过录制短视频（由举办方发布）、自行发布带口碑话题的图文等方式传播，分别为他们设计文字部分的营销内容、短视频台词，完成后如表6-5所示。

表 6-5 传播口碑话题

| 实施者 | | 营销内容/短视频台词 |
|---|---|---|
| 举办方和赞助商 | | 如：叮咚，你有一封来信——花开有期，会逢有时。你的珍藏，我的珍重，我把歌单现场唱给你听。云听诚邀您参加宝藏音乐节，来一场音乐之旅！5月2日，榕市露天音乐广场，期待您的如期而至。#云听宝藏音乐节 |
| 举办方和歌手 | 歌手 | 营销内容。如：花开有期，会逢有时。你的珍藏，我的珍重，我在宝藏音乐节，把歌单现场唱给你听。（换行）我已经收拾好音乐的行囊，等待你的赴约，你准备好了吗？5月2日，榕市露天音乐广场，我们不见不散#云听宝藏音乐节 |
| 举办方和歌手 | 歌手 | 短视频台词。如：哈喽，各位亲爱的小伙伴们，大家好。我是歌手××，很高兴马上就要和大家见面了。这次音乐节我精心准备了几首呼声比较高的歌曲。5月2日，榕市露天音乐广场，我们不见不散！ |
| 举办方和歌手 | 举办方 | 发布短视频时的营销内容。如：#云听宝藏音乐节（换行）这个初夏，就让我们在云听宝藏音乐节，与××（歌手名）一起，带着感动与期待，聆听歌唱！ |

## 任务三　开展利益式裂变营销

### 任务描述

在此次专家座谈会上，小艾终于明白，为什么很多企业会通过让渡一些利益给客户，促使客户做出分享裂变行为，以获取更多客源，原来这就是利益式裂变营销。

### 任务实施

### 活动1　分享裂变

专家表示，分享裂变是裂变营销中常用的方式，其开展方法比较简单，客户分享后可获得福利或奖品。例如，关注并分享账号，可免费领取学习资源。常见的分享裂变形式主要有以下 3 种。

#### 1. 文字分享

文字分享即让客户分享发布的文字式营销内容，通常是以复制或转发的形式实现。例如，转发企业发布的小红书笔记，点赞数排名前 6 的可免费获得礼品一份；转发企业发布在微博的抽奖活动信息，可免费参与抽奖。

#### 2. 网页链接分享

网页链接分享即让客户分享带有营销信息的网页，如直播页面、产品页面等，分享给一定数量的客户后，可免费获得福利（如直播间的现金红包）。

#### 3. 图片分享

图片分享即在图片上植入 App、小程序、社群二维码链接等，通过展示或分享图片，让客户扫描二维码进入小程序、社群等。例如，前文的任务类裂变涨粉活动示例中，就运用的是图片分享的方法。

### 活动2　拼团裂变

专家接着说，拼团裂变也是一种利益式裂变营销，主要是利用低价促使客户通过分享获利。拼团裂变的两种主要实现方式已在前文讲过，这里主要讲解该裂变模式下客户的行为路径。

拼团裂变中，客户看到产品或服务相关的低价、福利等信息，付款开团；

开团后分享拼团链接给微信好友、社群或朋友圈等；新客户看到分享的链接后，被低价或福利吸引，完成购买并再次分享。

## 活动3　邀请裂变

邀请裂变也是此次会议上提到的一种裂变方式，实际是借助老客户获取新客户，通常是给予老客户一定的奖励，激励其拉取新客户，同时也给予新客户一定的奖励。

在采用邀请裂变方式时，为提高成功率，需要注意利益的选择。利益是触发老客户邀请行为的关键，如果不够有吸引力，则可能无法调动老客户的分享意愿。一般来说，该利益需要包含图 6-2 所示的四大要素。

图6-2　利益需包含的四大要素

## 活动4　助力裂变

专家还提到助力裂变。这种方式是利用好友帮助自己获取利益，通常是客户分享助力链接给规定数量的好友，待好友参与助力，客户可享受优惠，主要用于扩大品牌知名度。助力裂变的实现方式比较多样，有砍价助力、点赞转发、领红包等。

### 1.　砍价助力

砍价助力的核心操作是邀请好友帮忙砍价，从而获得更加优惠的产品或服务。一般来说，参与砍价的人数越多，成功的概率越大；参与砍价的新客户越多，越容易快速成功。典型例子便是拼多多的"砍一刀"活动，该活动采用砍价助力的方式，让客户不断分享砍价链接，邀请身边的好友帮忙"砍一刀"免费领产品，如图 6-3 所示。

### 2.　点赞转发

点赞转发的操作较为简单，通常有两种：一种是客户只需将内容转发出去，待获得规定数量的点赞后便可获得相应的奖励；另一种是企业指定可获奖的点赞数排名，如点赞数排名第 16 位、第 61 位的客户可获得奖励，如图 6-4 所示。

图6-3 砍价助力

图6-4 点赞转发

### 3. 领红包

领红包是通过红包引导客户邀请新客户，具体操作主要有两种：签到领红包、做任务领红包。

- **签到领红包。** 客户每天签到可领取随机现金红包，分享后即视为签到成功，每邀请一位好友签到，可额外获得现金红包。
- **做任务领红包。** 客户完成任务即可领取红包，如参与浏览指定页面若干秒，并分享页面给好友，可领取红包。

## 任务实践 通过奖品刺激观众分享音乐节

### 实践描述

宝藏音乐节的购票通道将于4月23日正式开放，为吸引更多的人预约购票，举办方准备加大对抽奖活动中奖品的宣传力度，通过奖品刺激观众分享音乐节相关信息。现举办方需要确定购票系统开放前后的奖品及其裂变方式，以增强观众的分享意愿。

### 操作指南

根据购票系统开放前后的情况，确定不同阶段的奖品及其裂变方式，具体步骤如下。

**步骤 01** 确定购票系统开放前的奖品。购票系统开放前，观众还处于了解音乐节的阶段，此时需要利用一些与音乐节本身有关的奖品，让观众走近音乐节，因此，将奖品设置为"免费提供的音乐节门票一张"。

**步骤 02** 确定购票系统开放前的奖品裂变方式。为触发观众的分享裂变行为，奖品的获取需要有一定的门槛，如采用助力裂变，让观众点赞转发抽奖活动信息，点赞数高的观众可获得门票。

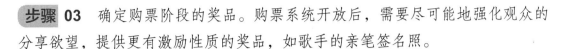

**步骤 03** 确定购票阶段的奖品。购票系统开放后，需要尽可能地强化观众的分享欲望，提供更有激励性质的奖品，如歌手的亲笔签名照。

**步骤 04** 确定购票阶段的奖品裂变方式。为扩大抽奖活动的传播范围，该阶段奖品的获取门槛需要降低，如转发微博抽奖信息可参与歌手签名照的抽奖。

## 任务四　开展社交式裂变营销

### 任务描述

在此次专家座谈会上，小艾还学到一招，就是利用主流社交媒体平台开展裂变营销。

### 任务实施

#### 👤 活动1　微博裂变营销

不同社交媒体平台的裂变方式是不同的，小艾首先收集整理了会上提及的在微博开展裂变营销的方式。

**1. 话题讨论**

微博话题通常以"#……#"的标签形式出现，由于带有强烈的可讨论属性，通常会带动更多客户参与话题讨论，实现客户的自动分享。开展话题讨论时，企业既可以借助热门话题开展讨论，也可以自行创建话题。

（1）借助热门话题

热门话题通常具有非常高的讨论量，非常适合用来开展裂变营销。企业可以在微博、抖音等的热门话题榜查看当前热门话题，然后结合营销对象写作一段与话题相关性较高的营销内容。例如，某农副食品品牌在营销哈尔滨红肠时，加入热门话题 # 爱家乡促发展 #，如图 6-5 所示。

（2）自行创建话题

企业自行创建的话题通常围绕品牌、产品或服务等进行设计，话题中融入品牌名称和理念、市场趋势及客户兴趣点等，因而更加贴合企业自身情况。企业常见的自建话题类型如表 6-6 所示。

◎地理冷知识超话秋林里道斯红肠#哈尔滨主流红肠# 秋林里道斯红肠， 深得老百姓喜爱，制作工艺传承百年。秋林里道斯红肠烟熏口味较重，哈尔滨大街小巷，专卖店比比皆是。#母亲节快乐##爱家乡促发展##夏天也来黑龙江##海生博语#
东北人从小吃到大，无论是家庭聚会还是过年过节，红肠总是不可或缺的美味。炭香浓郁、独特烟熏风味的红肠，总能勾起人们童年的记忆。儿童肠肠体结构紧密，风干肠自然风干而成，嚼劲十足，香而不腻，是搭配美酒或是悠闲下午茶的绝佳选择，猪腿肉和牛肉制成，不添加任何其他肉类。 收起∧

图6-5　借助热门话题

表6-6　自建话题类型

| 类型 | 示例 |
| --- | --- |
| 品牌名称＋所推产品名称／产品核心卖点 | #OPPO K12x#、# 敢 AI 敢登场 # |
| 品牌理念＋活动名称／主题 | # 京东超级品牌日 #、# 妈怎么做，听她的 # |
| 品牌理念／名称＋系列栏目名 | # 海尔圈儿 #、# 智见美好 一路生花 # |
| 品牌名称＋互动挑战 | # 夏日酷爽挑战 # |

### 2. 关联营销

关联营销是企业通过与其他企业或品牌合作，联合发布微博营销内容。通过这种方式可以整合双方资源，扩大品牌、产品或活动等的曝光度，达到一传十、十传百的效果。常见的关联营销方式如下所示。

- **话题关联**。创造包含各品牌名称的话题，合作企业在发布内容时均使用该话题，形成关联效应。

- **互相@对方账号**。企业在发布微博营销内容时，通过@另一方账号名称等方式提及对方，邀请对方参与讨论或转发内容。通过这种方式，双方的客户通常会去关注彼此，从而实现双方的客户互增。

### 3. 开展微博营销活动

微博裂变营销是基于粉丝的营销，对于企业而言，微博上每一个活跃客户都是潜在的裂变营销对象。要达到很好的裂变营销效果，开展微博营销活动也是一个不错的方法。

- **抽奖活动**。抽奖活动可用于新品推广、线上/线下活动的宣传、营销信息的扩散等，可以达到吸引客户注意，增加粉丝数、浏览量，扩大品牌或产品影响力的目的，如图6-6所示。微博中，抽奖活动根据奖品的不同主要分为现金抽奖和实物抽奖两种。

- **有奖征集活动。** 有奖征集活动即提供奖品来激励客户发布相应的内容，并在活动结束后，根据内容质量决定中奖者的微博活动形式，如图6-7所示。
- **有奖问答活动。** 有奖问答活动即向客户提出问题，根据要求答对问题者可获得奖品的微博活动形式。

图6-6 抽奖

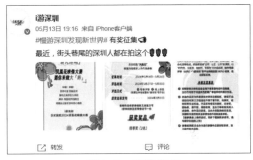

图6-7 有奖征集

## 👤 活动2 微信裂变营销

小艾注意到，微信裂变营销被提及的次数很多，讨论的重点主要是个人号裂变营销和公众号裂变营销。

### 1. 个人号裂变营销

个人号裂变营销即基于微信个人号开展的裂变营销，通常涉及两方面的工作。

（1）好友获取和维护

微信裂变营销中，高质量的微信好友是裂变的基础（充当种子客户），而好友的获取需要通过一定的途径（见表6-7），同时还要做好维护（见表6-8）。

表 6-7 好友获取

| 途径 | 说明 |
| --- | --- |
| 手机通信录 | 通过微信读取手机通信录，识别通信录中已有的微信用户，然后向对方发送好友请求 |
| 手机号或微信号 | 如果已经得知他人的手机号或微信号，可以直接在微信中搜索并添加 |
| 微信公众号引流 | 在微信公众号上发布文章，并在文章底部设置引导关注个人微信号的提示，吸引精准粉丝添加好友 |
| 地推 | 在人流量较大的地方（如商场、公园等）做地面推广活动，通过试吃、赠送样品等方式吸引潜在客户扫码添加好友 |

表 6-8　好友维护

| 方法 | 说明 |
| --- | --- |
| 私聊互动 | 定期与好友在微信私聊中互动可以建立起一种亲切的关系，让客户感受到品牌的关心。这种互动可以很简单，比如问候早安、晚安，或关心客户，也可以包括回答客户的问题、提供帮助或解决客户遇到的困难 |
| 朋友圈互动 | 朋友圈互动是指为好友发布的朋友圈点赞、留言等，加深自己在好友心目中的印象 |

（2）朋友圈引导分享

微信朋友圈是微信个人号传播营销信息、促使客户分享裂变的重要场所。例如，在朋友圈中号召客户分享某条朋友圈或相关产品、服务等。为达到分享裂变的目的，需要注意以下事项。

- **适度营销**。在微信朋友圈中发布裂变营销内容时，不应过于频繁，尽量保持在一天一次或两天一次，以免引起客户的反感。
- **生活式分享**。发布微信朋友圈时，可以通过分享自己的生活，如生活中的趣事、心情、感悟等，在其中融入裂变营销信息，以拉近与客户的距离，引起客户的情感共鸣，从而激发客户分享行为。
- **奖励或荣誉激励**。很多时候，客户可能不会自发分享，因此可以在朋友圈中提供适当奖励（如产品、优惠券、积分等）或荣誉（如荣誉称号、勋章成就等），激励客户做出分享行为。

### 2. 公众号裂变营销

对于微信公众号而言，常见的裂变方法主要有以下 3 种。

- **文章传播**。针对客户需求，发布高质量、专业性强、实用性强的原创文章，为客户提供解决方案，通过文章的质量打动客户，促使客户自发转发文章。或在文章中加入互动环节，如话题讨论、投票、挑战赛等，并结合奖励鼓励客户分享转发。
- **互推涨粉**。与其他微信公众号合作，相互推荐彼此的微信公众号。
- **活动裂变**。通过开展裂变涨粉活动，如转发类、任务类、抽奖类、测试类裂变涨粉活动等，实现持续涨粉获客。这些活动的裂变方式都差不多，这里以任务类裂变涨粉活动为例，介绍其裂变方式：发布印有公众号二维码的活动海报→客户A扫码关注公众号→公众号自动弹出引导客

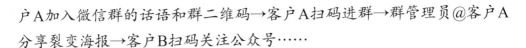

项目六　数字化裂变营销

户A加入微信群的话语和群二维码→客户A扫码进群→群管理员@客户A分享裂变海报→客户B扫码关注公众号······

## 活动3　小红书裂变营销

小红书作为一个优质内容平台，其裂变营销效果是不容忽视的。但是，怎么做才有效果？在会上，小艾找到了答案。

### 1. 产品投放

小红书本身就是一个分享社区，在其中投放客户刚需、在主流电商平台中DSR评分（网店动态评分）高的产品，如护肤品、彩妆产品、食品饮料等，更容易引起客户的讨论，促使其主动分享产品。

### 2. 内容投放

高质量的内容容易引发客户的分享行为。在小红书中，评测类、"种草"类、干货分享/攻略类内容更易引发客户的讨论和分享。

- **评测类**。评测类内容通常是真实使用产品后，对产品属性、效果等的分析和评价，如服装评测、家具评测、电器评测等。因以发布者的亲身体验为依据，具有较强的说服力，容易吸引具有相同需求的客户。
- **"种草"类**。"种草"类内容是真实购买或使用产品后，从个人主观角度推荐产品，从而实现产品的裂变传播。要达到很好的裂变效果，需要"种草"者具有一定的影响力、知名度。
- **干货分享/攻略类**。干货分享/攻略类内容是通过输出正确的方法或经验，如北京旅游攻略、文心一格的正确使用方法等。这类内容通常看起来比较专业，具有较强的参考价值，实用性较强，因而容易实现裂变涨粉。

除了通过内容本身打动客户外，在内容中添加行动引导关键词可以触发客户的分享行为，如"点赞转发""分享"等。

### 3. 达人布局

除以上两种方式外，企业在小红书开展裂变营销，还可以与达人合作，借助达人的影响力实现快速裂变涨粉。一般来说，单一达人的影响力和客户覆盖面是有限的，因而需要借助多个达人的热度，此时，就需要做好布局和规划，明确不同等级达人的作用。

- **头部达人。**头部达人是所有达人中最具影响力的达人，开展裂变营销时，通常用于面向广大客户的广泛推广，以快速打造热度、覆盖更多人群，引发达人粉丝的从众行为。
- **腰部达人。**尽管腰部达人的影响力不及头部达人，但他们却拥有更为垂直的客户群体，即特定细分领域的精准客户。在裂变营销中，选择与企业品牌或产品紧密契合的腰部达人合作，借助其专业性，进行精准推广，可以精准触达目标客户。
- **平台用户。**平台用户在身份上更接近客户，因而更具真实性，通常会用于粗略推广，即与大量的平台用户合作，邀请他们发布真实评测、"种草"内容等，营造良好的口碑，为企业带来更多客户。

## 任务实践

### 实践1　通过微博推广音乐节

**实践描述**

举办方此前已开通微博账号，现需要在微博发布音乐节相关内容，并开展#云听宝藏音乐节#话题讨论活动，邀请观众分享对音乐节的期待，并@赞助商。

**操作指南**

先输入文字部分的营销内容，然后插入话题#云听宝藏音乐节#，并@赞助商，具体步骤如下。

**步骤 01**　进入发微博界面。在微博App首页点击⊕按钮，在打开的列表中点击"写微博"选项，进入发微博界面。

**步骤 02**　输入文字并添加话题。在文本插入点处输入文字部分的营销内容，点击#按钮，在打开界面中通过输入话题的方式新建话题"#云听宝藏音乐节#"，如图6-8所示，返回发微博界面。

**步骤 03**　@赞助商。点击@按钮，打开"联系人"界面，在搜索框中输入"可口可乐"，在搜索结果中点击"@可口可乐"选项，如图6-9所示，返回

微课视频

通过微博推广
音乐节

发微博界面。

**步骤 04** 插入图片并发布。点击 🖼 按钮，在打开的界面中点击"音乐节海报.jpg"（配套资源:\素材\项目六\音乐节海报.jpg），依次点击 下一步(1) 按钮、下一步 按钮，上传图片，点击 发送 按钮发布，参考效果如图6-10所示。

图6-8 新建话题

图6-9 @赞助商

图6-10 参考效果

## 实践2 通过微信朋友圈和公众号推广音乐节

### 实践描述

举办方将在微信朋友圈和公众号发布宝藏音乐节的相关动态，加大宣传力度。其中，微信朋友圈简单介绍音乐节，并通过点赞转发的方式引导观众分享；微信公众号发布音乐节的详情信息，包括演出时间、地点、嘉宾阵容等。

### 操作指南

#### 1. 通过微信朋友圈推广音乐节

在微信朋友圈中通过点赞转发的方式推广音乐节，具体步骤如下。

**步骤 01** 明确发布内容。标明音乐节的名称和举办时间，以及点赞转发规则，并告知奖品，如"小伙伴们，云听准备干件大事——举办宝藏音乐节。5月2日，和云听一起，来一场寻宝之旅！（换行）转发本条朋友圈，点赞数排在第1、6、8位的小伙伴，可获得免费音乐节门票一张！"

**步骤 02** 发布朋友圈。通过从相册中选择的方式上传音乐节海报，进入朋友圈发布界面，输入发布内容（见图6-11）后发布。效果如图6-12所示。

微课视频

通过微信朋友圈
推广音乐节

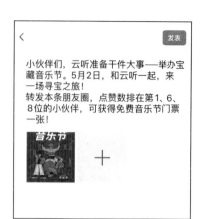

图6-11　输入发布内容

图6-12　参考效果

### 2. 通过微信公众号推广音乐节

在微信公众号中输入音乐节的详细内容，包括演出时间、地点、开售时间、购票平台、门票票档、嘉宾阵容等，并为每个部分的内容设置小标题，上传音乐节海报，具体步骤如下。

微课视频

通过微信公众号
推广音乐节

**步骤 01**　明确输入内容。微信公众号的内容通常由标题和正文组成，标题应直接、醒目，如采用演出时间+地点+音乐节名称的方式，确定为"5月2日，榕市宝藏音乐节"；正文应包含音乐节的详细信息，由于音乐节的信息较多，这里可采用并列式结构，依次介绍演出时间、地点、开售时间、购票平台、门票票档、嘉宾阵容等。

**步骤 02**　新建图文消息。登录微信公众平台，进入后台界面。在"新的创作"面板中选择"图文消息"选项，如图6-13所示。

**步骤 03**　输入音乐节的详细内容。在"请在这里输入标题"处输入标题，在"请输入作者"处输入作者，在"从这里开始写正文"处输入正文内容，如图6-14所示。

图6-13　选择"图文消息"

图6-14　输入音乐节的详细内容

**步骤 04** 设置文本格式。按【Ctrl+A】组合键选中全部正文，单击"对齐"按钮≡·，在打开的下拉列表中选择"居中对齐"选项；单击"字体颜色"按钮**A**·，在打开的下拉列表中设置字体颜色为"#3E3E3E"；选中"演出时间"，单击"加粗"按钮 **B**；单击"背景色"按钮 ⬛·，在打开的下拉列表中设置文本背景色为"fffb00"，如图6-15所示。

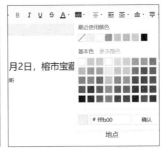

图6-15 设置文本格式

**步骤 05** 设置小标题。使用相同的方法将"地点""嘉宾阵容""开售时间""购票平台""门票票档"加粗显示并设置背景色。

**步骤 06** 插入图片。将文本插入点定位在文本末尾，并按【Enter】键换行，单击 图片 按钮，在打开的下拉列表中选择"本地上传"选项，上传音乐节海报，并适当缩小。

**步骤 07** 设置封面和摘要。在"拖曳或选择封面"栏中通过"从正文选择"的方式设置封面，删除摘要，如图6-16所示。

**步骤 08** 发表。依次单击 发表 、 发表 、 继续发表 按钮，并让管理员扫码验证，验证通过后发表内容。发表后的部分效果如图6-17所示。

图6-16 设置封面和摘要

扫码看彩图

微信公众号文章
发表后的效果

| 5月2日，榕市宝藏音乐节 | | 10位近期热门的歌手，分别是李×、陈×、毛×、廖×、孟×、周×、钟×、张×、王×、陆× |
|---|---|---|
| 云听 云听音乐平台 2024-04-16 18:05 四川 | | |
| **演出时间** | | **开售时间** |
| 5月2日15:00~21:00 | | 4月23日 |
| **地点** | | **购票平台** |
| 榕市露天音乐广场 | | 票星球 |
| **嘉宾阵容** | | **门票票档** |

图6-17　发表后的部分效果

## 👤 实践3　在小红书推广音乐节

### 实践描述 〰〰〰〰〰

举办方邀请各位歌手按照提供的横屏视频模板拍摄短视频，并每天在小红书发布一位歌手的介绍短视频，以利用歌手的热度吸引其粉丝关注音乐节。

### 操作指南 〰〰〰〰〰

#### 1. 使用腾讯智影制作视频模板

使用腾讯智影，按照之前写作的短视频台词，制作横屏视频模板，以供歌手参考，具体步骤如下。

**步骤 01**　选择"数字人播报"。登录腾讯智影官网，打开"创作空间"页面，在其中选择顶部的"数字人播报"选项，如图6-18所示。

**步骤 02**　设置画面比例。打开编辑页面，查看画面比例，默认为"16:9"（横屏视频的画面比例）。

**步骤 03**　选择数字人。在右侧列表中选择"数字人"选项，在"预置形象"选项卡中单击 免费 按钮，在打开的下拉列表中选择"诗雅"选项，如图6-19所示。

**步骤 04**　调整数字人显示比例。数字人将显示在编辑区中，且未铺满画面。拖动数字人四周的调整框，放大显示数字人，使其铺满整个画面，并适当调整数字人在画面中的位置，调整前后的对比效果如图6-20所示。

微课视频

使用腾讯智影制作
视频模板

图6-18 选择"数字人播报"选项

图6-19 选择数字人

图6-20 数字人调整前后的对比效果

**步骤 05** 输入播报内容。单击编辑区外任意空白处,打开"播报内容"选项卡,在文本框中输入短视频台词,如图6-21所示(单击 雅欣 1.0x 按钮可在打开的面板中设置声音风格,这里保持默认设置)。

**步骤 06** 取消显示字幕并生成播报。单击"字幕"按钮 ,取消显示字幕;单击 保存并生成播报 按钮,生成播报。

**步骤 07** 合成短视频。预览播报后,单击 合成视频 按钮,在打开的"合成设置"面板中设置名称为"短视频模板",单击 确定 按钮;在打开的"功能消耗"面板中再次单击 确定 按钮生成短视频,如图6-22所示。

**步骤 08** 下载短视频。合成完毕后将自动打开"我的资源"页面,在其中选择制作好的播报短视频,单击对应的"下载"按钮 ,下载短视频。(配套资源:\效果\项目六\短视频模板.mp4)

图6-21　输入播报内容

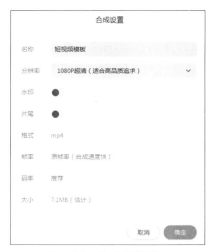
图6-22　合成短视频

## 2. 发布短视频

将歌手提供的短视频发布到小红书，并在发布时输入提前准备好的营销内容，具体步骤如下。

**步骤 01**　上传短视频。在小红书中上传短视频，在发布界面输入标题"歌手公开第一弹"，在"添加正文"处输入营销内容，并@歌手，如图6-23所示。

**步骤 02**　发布短视频。单击  按钮，发布短视频，效果如图6-24所示。

微课视频

发布短视频

图6-23　上传短视频并输入营销内容

图6-24　发布短视频

## 知识拓展 裂变营销中的账号设置

数字化裂变营销需要借助平台账号开展，一个辨识度高、个性化的账号更有利于裂变营销的开展。不管是哪个平台，其账号的设置都离不开名字/昵称、头像、简介/个性签名3个方面。

- **名字/昵称设置。**名字/昵称要求简洁、直白，能够体现出个人或企业的身份。其中，个人账号的名字/昵称可以采用"个人特征+本人名字/昵称"的结构，如"水果猎人杨×"。企业账号的名字/昵称与企业/品牌名称或"企业/品牌名称+产品"保持一致，如"海尔""格力电器"。

- **头像设置。**为方便开展裂变营销，账号头像通常采用个人照片、企业标识（如企业Logo、企业简称、企业拟人形象）等。

- **简介/个性签名。**简介是对个人或企业的简单介绍，在微信个人号中，被称为个性签名。简介应该简明扼要，个人账号的简介可以是直接介绍自己的身份、喜好、可提供的产品或服务等，如"好吃好玩特价福利，关注××（账号名字）"。企业账号的简介通常是介绍企业理念、企业身份、企业文化、企业宣传口号等，如"智爱生活，乐享家居（乐享家居是品牌名称）"。

## 同步练习

### 1. 单选题

（1）笑笑立志成为一名美食博主，几乎每周一都会在抖音分享美食评测、探店相关的内容。笑笑的分享动机是（ ）。

    A. 自我宣泄         B. 自我记录

    C. 自我获利         D. 自我标榜

（2）家电品牌海利新推出"AI 智能家电"系列产品，为推广产品，在微博开展 #AI 智能体验官# 话题讨论。该话题采用的创建方法是（ ）。

    A. 品牌名称+产品核心卖点

    B. 品牌理念+活动主题

    C. 品牌名称+系列栏目名

    D. 品牌名称+互动挑战

（3）小张在平面设计方面颇有心得，创建了一个免费分享平面设计方法、素材和效果的微信公众号。在运营一段时间后，为获取更多粉丝，小张和某影视制作领域的微信公众号达成合作，互相推广。小张采用的裂变营销策略是（　　　）。

    A. 文章传播　　　　　　　　B. 互推涨粉

    C. 活动裂变　　　　　　　　D. 达人布局

## 2. 多选题

（1）老葛是某体育运动品牌的营销人员，应品牌要求，老葛开通了微信个人号，并准备在微信朋友圈中发布营销内容，引导客户分享朋友圈，获取更多新客户。在微信朋友圈中引导客户分享时，老葛应注意哪些问题？（　　　）

    A. 适度营销　　　　　　　　B. 生活式分享

    C. 奖励激励　　　　　　　　D. 荣誉激励

（2）利益式裂变营销的方式有（　　　）。

    A. 分享裂变　　　　　　　　B. 拼团裂变

    C. 邀请裂变　　　　　　　　D. 助力裂变

（3）种子客户的特征有（　　　）。

    A. 对企业的忠诚度高

    B. 对企业产品高度认可

    C. 对企业信任度高

    D. 无条件主动传播企业品牌或产品

## 3. 判断题

（1）只要是由话题引起的裂变营销，就一定是口碑式裂变营销。（　　　）

（2）关联营销是企业通过与其他企业或品牌合作，联合发布微博营销内容。

（　　　）

（3）拼团裂变主要是利用低价促使客户通过分享获利。（　　　）

## 4. 简答题

（1）简述引发数字化裂变营销的核心元素有哪些。

（2）简述微信个人号裂变营销的主要工作内容。

（3）简述微信公众号裂变营销的方法。

（4）简述小红书裂变营销的方法。

（5）简述口碑式裂变营销的方法。

## 5．操作题

（1）在网络上搜索瑞幸咖啡关于裂变营销的信息，找出瑞幸咖啡采用的利益式裂变营销方式，并分析它是如何开展裂变的，按照利益式裂变营销方式、具体方法、利益点、具体实施4点整理成文档。

（2）假设餐饮品牌食趣多准备在5周年之际，开展免单活动。活动时间为7月2日～7月4日11:00～14:00，凡是在食趣多堂食的，均可享受免单服务。请为食趣多设计一个微博话题，并在微博开展话题讨论，为食趣多积累更多客户。

# 项目七

## 数字互动营销效果分析

**职场情境**

　　小艾最近对数据分析很感兴趣，特别是分析数字互动营销效果的相关数据。为进一步掌握更多的知识，她主动向老李提出进行更深入的学习。看到此情况，老李一边为她讲解相关知识，一边带着她着手进行分析，希望她能够从实践中获取经验。在开始前，老李告诉她，数字互动营销效果分析通常包含3部分内容：客户数据分析、营销内容分析和营销活动效果分析，在接下来的工作中，他们将逐一进行分析。

**学习目标**

✈ **知识目标**

1．辨认客户数据关键指标。

2．解释营销内容的分析方法。

3．解释营销活动效果的分析方法。

4．检验数字互动营销效果的优化方法。

✈ **技能目标**

1．能够准确分析客户、营销内容和营销活动数据，找出其中存在的问题。

2．能够根据数据分析结果优化数据。

✈ **素质目标**

1．培养大数据思维，学会利用数据、解读数据。

2．培养数据化分析思维，能够结合数据分析优先营销。

## 项目导入

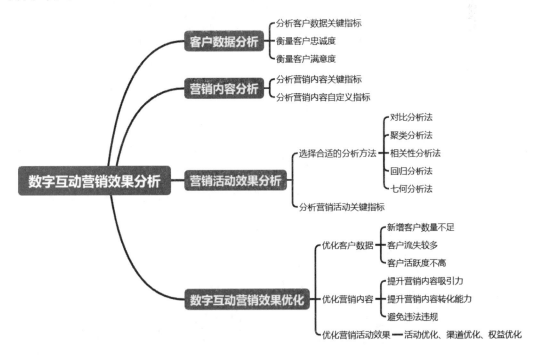

## 任务一 客户数据分析

### 任务描述

老李告诉小艾，客户数据分析其实是通过收集、整理、分析与客户相关的各种数据，明确客户特征、了解客户偏好和需求等的过程。通过分析客户数据，企业可以调整和优化营销策略及资源配置计划，从而获得良好的营销效果。

### 任务实施

### 👤 活动1 分析客户数据关键指标

老李说，虽然客户数据很多，但只需要分析其中的关键指标，就很容易找到问题所在。

**第一步** 了解关键指标

关键指标是客户数据分析的重点，可以帮助企业获得更有效的分析结果，主要包括访客数、地域分布、访问终端等，具体如表 7-1 所示。

表 7-1 客户数据关键指标

| 指标 | 含义 | 意义 |
|------|------|------|
| 访客数 | 访客数是一天内通过不同途径访问网页的客户数量，同一客户在一天内多次访问网页只记录一次 | 反映企业的真实人气 |
| 地域分布 | 即客户在全国范围内各省市的分布情况，包括各省市客户数量及其占比 | 辅助精准定位目标客户 |
| 访问终端 | 即客户访问产品或浏览内容时使用的终端设备，通常分为两类：PC（Personal Computer，个人计算机）端、移动端/无线端 | 有助于确定营销终端 |
| 注册用户数 | 指已经完成企业官网、App、小程序等的注册用户数量 | 反映企业的知名度 |
| 新增客户/粉丝数 | 即新注册并登录的客户数量或关注账号的粉丝数量 | 反映企业知名度的提升速度 |
| 活跃用户数 | 即某段时间内登录或使用过企业官网、App、小程序等的用户数量，或与企业互动的用户数量 | 反映用户黏性、用户规模和用户参与度 |
| 日活跃用户数 | 即单日登录或使用产品或应用的用户数量，同一用户重复登录，只计为一次 | 反映用户黏性 |

（续表）

| 指标 | 含义 | 意义 |
|------|------|------|
| 月活跃用户数 | 即单月登录或使用产品或应用的用户数量，同一用户重复登录，只计为一次 | 反映用户黏性 |
| 最高在线人数/人气峰值 | 即统计时间内，同时在线人数的最高峰，如1小时内同时在线人数最高为300人 | 多用于直播营销中，反映直播间的热度 |
| 平均在线人数 | 即统计时间内，平均每分钟在线人数 | 与最高在线人数进行比较，可以了解流量的稳定性或精准度，一般来说，差距越大，流量越不稳定或不精准 |
| 客户留存率 | 即新增客户在经过一段时间后，留下来的活跃客户数量占总新增客户数的比例 | 反映产品或服务的吸引力 |
| 客户流失率 | 是与客户留存率相对的概念，即新增客户中，经过一段时间后停止使用企业产品或服务的客户数量，其计算公式：客户流失率=1-客户留存率 | 反映产品或服务的质量，以及客户对产品或服务的满足程度 |

**第二步　分析关键指标**

小艾看着眼前的客户数据，向老李提问："怎么知道客户数据有没有问题？"老李说，分析客户数据关键指标时，可以将关键数据指标的值与该数据正常范围内的值进行比较，从而判断客户数据的问题。

接着，老李展示了某品牌最近一场直播的数据（见图7-1），并让小艾试着分析人气峰值和平均在线人数两个关键指标（该品牌平均在线人数一般为人气峰值的一半）。小艾发现，该场直播的人气峰值为437人，平均在线人数为151人，二者的差距较大（437-151=286），已超过人气峰值的一半（437÷2=218.5），说明流量不够精准，有待优化。

图7-1　分析关键指标

## 活动2　衡量客户忠诚度

老李继续带领小艾分析客户忠诚度，并告诉她，客户忠诚度是客户出于对企业品牌、产品或服务的偏好而产生重复购买行为的程度，是影响企业长期利润的重要因素。

**第一步** 了解衡量指标

客户忠诚度衡量指标主要有购买次数、重复购买率。

- **购买次数**。即一定时期内，客户购买品牌产品或服务的次数。其中，除第一次外，客户再次购买的次数被称为重复购买次数。一般来讲，重复购买次数越多，客户的忠诚度越高。

- **重复购买率**。即客户重复购买次数与总客户数量的比例。例如，本月共有100名客户购买企业产品，其中50人重复购买，这50人中有35人重复购买1次（即购买2次），有15人重复购买2次（即购买3次），则重复购买率=（35×1+15×2）÷100×100%=65%。一般来说，客户的重复购买率越高，其忠诚度越高。

**第二步** 分析客户忠诚度

小艾在老李的指导下，从公司为某品牌开展促销活动获取的客户数据中，提取出客户姓名、性别和购物次数3个指标，然后利用 Excel 2016 计算男性客户和女性客户的重复购买率，分析该品牌不同性别客户的忠诚度，具体操作如下。

微课视频

分析客户忠诚度

**步骤 01** 排序。打开"客户忠诚度.xlsx"文件（配套资源:\素材\项目七\客户忠诚度.xlsx），在【数据】/【排序和筛选】组中单击"排序"按钮，打开"排序"对话框，在"排序依据"下拉列表框中选择"性别"选项，单击 按钮，在"次要关键字"下拉列表框中选择"购物次数/次"选项，在"次序"栏下的下拉列表框中选择"降序"选项，单击 按钮，如图7-2所示。排序后，Excel将自动筛选男性客户和女性客户的购买数据，并将不同性别客户的购物次数按照从高到低的顺序排列。

图7-2 排序

**步骤 02**　计算客户重复购买率。在E2单元格和E3单元格中分别输入"男性客户重复购买率"和"女性客户重复购买率"。选择F2单元格，在编辑栏中输入"=(COUNT(C2:C15)*2+COUNT(C16:C23))/80"（表示计算男性客户的总购买次数占总客户数的比值，其中，购买次数为3表示重复购买次数为2，80表示总客户数），按【Ctrl+Enter】组合键计算结果；选择F3单元格，在编辑栏中输入"=(COUNT(C33:C47)*2+COUNT(C48:C66))/80"，按【Ctrl+Enter】组合键计算结果，如图7-3所示（配套资源：\效果\项目七\客户忠诚度分析结果.xlsx）。由图可知，女性客户的忠诚度明显高于男性客户，后续可将资源向女性客户倾斜。

| | A | B | C | D | E | F | G | H |
|---|---|---|---|---|---|---|---|---|
| | 客户姓名 | 性别 | 购物次数/次 | | | | | |
| 2 | 陈兵 | 男 | 3 | | 男性客户重复购买率 | 45.00% | | |
| 3 | 陈元 | 男 | 3 | | 女性客户重复购买率 | 61.25% | | |
| 4 | 张图 | 男 | 3 | | | | | |

F3　fx　=(COUNT(C33:C47)*2+COUNT(C48:C66))/80

**图7-3　计算重复购买率**

## 👤 活动3　衡量客户满意度

老李告诉小艾，客户满意度是指客户对企业产品、服务或互动方式等满意程度的高低，在衡量客户满意度时，可以使用 CSAT（Customer Satisfaction，客户满意度）得分。

### 第一步 CSAT 调查

CSAT 调查中，通常只提出一个问题："您对这种体验的满意度如何"或"您对自己的体验有多满意"等（某些情况下，如询问的对象有产品、企业、服务等多个时，会有两个及以上的问题），然后提供图 7-4 所示的 5 种分值供客户打分。

非常不满意　★ ☆ ☆ ☆ ☆　1分

不满意　★ ★ ☆ ☆ ☆　2分

一般　★ ★ ★ ☆ ☆　3分

满意　★ ★ ★ ★ ☆　4分

非常满意　★ ★ ★ ★ ★　5分

**图7-4　CSAT调查**

第二步 计算 CSAT 得分

CSAT 得分衡量的是客户与企业进行特定互动后体验的满意度，通常是计算好评客户数（打 4 分和 5 分的客户数量）占总回答客户数的比例，其计算公式如下所示。

CSAT 得分 = 好评客户数 ÷ 总回答客户数 × 100%

CSAT 得分是否满意取决于企业的标准，但一般来说，得分在 75% 及以上比较好。

假设某品牌的调查中共有 100 名客户参与，要求 CSAT 得分达到 80% 为正常水平，其中，调查结果有 5 个 1 分、10 个 2 分、10 个 3 分、40 个 4 分、35 个 5 分。该品牌的 CSAT 得分计算结果：（40+35）÷ 100 × 100%=75%，低于正常水平，说明该品牌的客户满意度有待提高。

## 任务实践　分析服饰品牌客户数据

### 实践描述

服饰品牌 TNS 最近开展了一次营销活动，但效果不理想，不仅客户的活跃度不高，而且产品的销量也不佳。为找出原因并调整营销策略，TNS 准备分析客户数据，找出客户活跃度高的时间段和忠诚度高的客户。

### 操作指南

#### 1. 找出客户活跃度高的时间段

根据图 7-5 中客户访问网店的时间，找出活跃客户数量多的时间段。

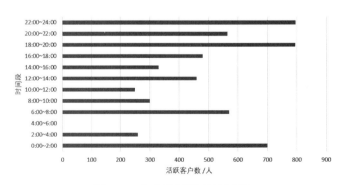

图7-5　客户访问网店的时间

客户活跃度高的时间段：_____

### 2. 识别高忠诚度客户

根据 TNS 品牌客户数据，计算每个年龄层客户的重复购买率，具体操作如下。

**步骤 01**　查看客户数据。打开"TNS品牌客户数据.xlsx"文件（配套资源:\素材\项目七\TNS品牌客户数据.xlsx），查看客户数据，如图7-6所示。

| | A | B | C | D | E | F | G | H |
|---|---|---|---|---|---|---|---|---|
| 1 | 客户姓名 | 年龄/岁 | 所属年龄层/岁 | 购物次数/次 | | | | |
| 2 | 李妍 | 19 | 18~25 | 1 | | | | |
| 3 | 徐允和 | 21 | 18~25 | 1 | | | | |
| 4 | 安月 | 32 | 31~35 | 1 | | | | |
| 5 | 葛亮芳 | 25 | 26~30 | 1 | | | | |
| 6 | 倪霞瑗 | 31 | 31~35 | 3 | | | | |
| 7 | 蔡可 | 19 | 18~25 | 3 | | | | |
| 8 | 姜梦瑶 | 27 | 26~30 | 1 | | | | |
| 9 | 汪娟昭 | 26 | 26~30 | 2 | | | | |
| 10 | 茅彤 | 23 | 18~25 | 1 | | | | |
| 11 | 钱飘茹 | 19 | 18~25 | 1 | | | | |
| 12 | 路嘉 | 24 | 18~25 | 3 | | | | |

图7-6　客户数据

**步骤 02**　排序。在"排序"对话框中，设置"排序依据"为"所属年龄层/岁，升序"，"次要关键字"为"购物次数/次，降序"。排序后，各年龄层客户将按照年龄大小由小到大升序排列，对应的购买次数将降序排列。

**步骤 03**　计算18～25岁客户的重复购买率。在F2单元格中输入"18～25岁"，在G2单元格中利用公式"=(COUNT(D2:D13)*2+COUNT(D14:D22))/60"（计算18～25岁客户中重复购买次数为2、1的客户数占总客户数的比值，其中总客户为60人）计算重复购买率。

18 ～ 25 岁客户的重复购买率：_____

**步骤 04**　计算26～30岁客户的重复购买率。在F3单元格中输入"26～30岁"，在G3单元格中利用公式"=(COUNT(D30:D37)*2+COUNT(D38:D46))/60"（计算26～30岁客户中重复购买次数为2、1的客户数占总客户数的比值）计算重复购买率。

26 ～ 30 岁客户的重复购买率：_____

**步骤 05**　计算31～35岁客户的重复购买率。在F4单元格中输入"31～35岁"，在G4单元格中利用公式"=(COUNT(D56:D57)*2+COUNT(D58:D58))/60"（计算31～35岁客户中重复购买次数为2、1的客户数占总客户数的比值）计算重复购买率（配套资源:\效果\项目七\TNS客户忠诚度.xlsx）。

31～35岁客户的重复购买率:＿＿＿＿＿＿＿＿＿＿＿＿＿＿＿＿＿＿＿

**步骤 06** 识别高忠诚度客户。比较各年龄层客户的重复购买率，找出忠诚度较高的客户群体。

高忠诚度客户:＿＿＿＿＿＿＿＿＿＿＿＿＿＿＿＿＿＿＿＿＿＿＿＿＿＿

## 任务二 营销内容分析

### 任务描述

小艾最近在研究某品牌的营销内容，她发现，该品牌每周会在微博发布一篇营销内容来推广品牌和产品，效果时好时坏，且每个月的情况都差不多。她想知道问题在哪里，便询问老李。老李决定带领小艾深入分析该品牌近一个月的内容营销情况，以便找出问题。

### 任务实施

### 👤 活动1 分析营销内容关键指标

老李告诉小艾，该品牌的营销效果不稳定与营销内容有关，通过分析营销内容关键指标（主要是指与内容形式相关的指标），有助于及时调整营销策略，更精准地满足客户需求。

**第一步** 了解关键指标

受内容形式的影响，关键指标会有所不同，总的来说，主要包含以下指标。

- **浏览量。** 指统计时间内内容被浏览的次数，一位客户在统计时间内访问多次记为多次，可以反映营销内容的质量、广告投放效果等。在短视频领域，浏览量通常用播放量指代；在某些平台，浏览量也被称为阅读量，如微信公众号。

- **点击量。** 指统计时间内，网页或广告被点击的次数，多用于衡量内容的好坏。

- **跳出率。** 跳出率是指当网页展开后，客户仅浏览该页面就离开网站的比例。跳出率高说明营销内容存在问题，如内容与客户期待不符、内容质量较差等。其计算公式：跳出率=访问一个页面后离开网站的次数÷网站总访问量×100%。

- **页面停留时间**。指客户在一个页面上停留的时长，反映客户对内容的喜爱程度。
- **点赞量**。指统计时间内，营销内容获得的点赞数量，反映内容的质量和受欢迎程度。
- **评论量**。指统计时间内，内容获得的实时评论数量，评论量越多，客户的活跃度越高，参与度也越高。
- **转发/分享量**。指统计时间内，内容被转发或分享的次数，反映内容的传播范围。

**第二步** 分析关键指标

老李让小艾比较分析不同日期营销内容的关键指标，以得知内容是否契合客户需求，并做针对性的调整。小艾收集了品牌近一个月发布的营销内容的相关数据（见表7-2），比较后发现这4条营销内容的发布时间相近，但转发量、评论量、点赞量差别非常大，从主要内容来看，应该是内容形式和侧重点不同导致。

表7-2 营销内容相关数据

| | | |
|---|---|---|
| 内容1 | 发布时间 | 2024年5月5日 09:00 |
| | 主要内容 | 用文字通知系列新品即将上线 |
| | 互动情况 | 阅读量621次、5次转发、26条评论、54个点赞 |
| 内容2 | 发布时间 | 2024年5月11日 09:20 |
| | 主要内容 | 发布新品手机宣传短片，公布新品手机的代言人 |
| | 互动情况 | 阅读量4.2万次、8663次转发、2502条评论、9116个点赞 |
| 内容3 | 发布时间 | 2024年5月20日 09:30 |
| | 主要内容 | 新品手机的宣传文案和海报 |
| | 互动情况 | 阅读量5210次、228次转发、133条评论、510个点赞 |
| 内容4 | 发布时间 | 2024年5月29日 09:35 |
| | 主要内容 | 新品手机代言人使用手机记录人生一瞬间的相关内容，并配上相关图片 |
| | 互动情况 | 阅读量6.3万次、1.1万次转发、2170条评论、8716个点赞 |

#### 活动2　分析营销内容自定义指标

老李提醒小艾，该品牌还在抖音同步发布新品手机宣传短片，接下来需要根据品牌自定义的指标进行分析。自定义指标是指企业根据营销目标和营销内容形式，制定的有针对性的指标。常见的自定义指标如下。

- **平均阅读深度**。即平均每位客户阅读内容所花费的时间。一般来说，客户的页面停留时间超过该页面的平均阅读时间，可以认为该客户的阅读程度较深。其计算公式：平均阅读深度=（文章总字数÷平均每分钟阅读字数）÷页面停留时间。在微信公众号文章中，完读率与页面阅读深度具有类似作用。

- **访客热情度**。即客户对内容的热情程度，一般来说，访客热情度越高，访问的页面越多，阅读的内容越多。其计算公式：访客热情度=两个及以上页面的访客数÷至少访问一个页面的访客数。

- **互动率**。即点赞量、评论量、转发/分享量与总播放/浏览量的比值，通常用于衡量一段时间内，所发布内容的综合表现。其计算公式：互动率=（点赞量+评论量+转发/分享量）÷总播放/浏览量×100%。

针对这条宣传短片，该品牌希望在抖音的互动率均达到15%。小艾收集了该宣传短片在抖音的相关数据：总播放量为7.1万次、转发量为4212次、评论量为3961条、点赞量为9678个。然后按照计算出公式计算宣传短片的互动率为：（4212+3961+9678）÷71000≈25%，大于15%。互动率超出目标值，说明该条短视频内容比较受客户欢迎，讨论度较高。

### 任务实践　分析服饰品牌内容营销数据

#### 实践描述

TNS为提高品牌影响力，并为新上市的户外运动系列产品造势，准备在云南大理举行越野跑活动。为预热活动，TNS在微信公众号发布了一篇宣传文章。现在，TNS想要了解这篇文章的预热效果，包括平均停留时长、点赞量、评论量和分享量等，以确定是否还需要继续发布活动相关的文章。

#### 操作指南

进入微信公众平台后台查看内容数据，并分析各指标是否达标，具体操作如下。

**步骤 01**  查看文章数据。登录微信公众平台，进入微信公众号后台，在左侧列表中选择"数据"/"内容分析"选项，打开"内容分析"页面。在"已发表内容"选项卡中选择"已通知内容"，单击宣传活动文章对应的"详情"超链接，在打开的页面中查看文章详情数据（见图7-7）。

**步骤 02**  分析文章数据。由图可知，本篇文章的阅读量较高，完读率也较高（达到50%即相对较高），平均停留时长也在合格水平（就该品牌而言，平均停留时长为0.4算合格），说明文章本身的质量较高。但分享量为0，点赞量与阅读次数相比相差过大，评论量（即留言）也仅有几条，说明文章的互动转化能力较弱，后续需要优化。

图7-7  文章详情数据

## 任务三  营销活动效果分析

### 任务描述

老李说，营销活动是数字互动营销的主要形式，与活动效果相关的数据便成为衡量数字互动营销效果的重要依据。接下来，他将带领小艾分析某品牌在微博、抖音等开展的主题营销活动（先预热，后直播营销），了解活动效果，找出其中的问题和亮点，以便后续优化活动营销策略。

任务实施

## 👤 活动1　选择合适的分析方法

在分析前，老李向小艾介绍了很多实用且常用的分析方法，包括对比分析法、聚类分析法、相关性分析法、回归分析法和七何分析法等。

### 1. 对比分析法

对比分析法是将活动前后的数据指标进行对比，通过数据指标的变化，借以了解营销活动的效果和问题。例如，某企业开展了一场周年庆活动，将活动开始前一周的销售额和活动开始后一周的销售额进行比较，发现销售额大幅提升，说明该营销活动效果显著。

### 2. 聚类分析法

聚类分析法也称群分析法、点群分析法等，是指按照一定的方法，把客户按照消费行为、偏好、特征等方面的相似性聚合成几类，对比活动前后不同类别客户群体的行为变化、转化数据等，判断营销活动是否有效触达目标客户、营销策略是否精准有效等。

例如，某企业在国庆节期间开展产品上新活动，共推出两款新产品。其中，产品 A 针对价格敏感度高的客户，营销策略是提供多种优惠；产品 B 针对注重品质的客户，营销策略是维持原价，强调产品的高品质和独特性，并提供优质的服务保障。通过对比活动前后这两类客户的购买行为，发现活动开展后，产品 A 的购买人数大增，产品 B 的购买人数不如预期，说明产品 B 的营销策略有误。

### 3. 相关性分析法

相关性分析法是研究两个及以上处于同等地位的随机变量间密切程度的分析方法。若一个变量增加，另一个变量随之增加，则这两个变量具有正相关关系；若一个变量增加，另一个变量随之减少，则这两个变量具有负相关关系。

例如，某企业开展的直播营销活动中，邀请了知名演员 ×× 作为特邀嘉宾出场，为直播间带来 5000 名新客户，直播结束后，该场直播的销售额是日常直播的 1 倍，说明该演员的名气与销售额成正相关。

### 4．回归分析法

回归分析法指利用数据统计原理，对大量统计数据进行数学处理，并确定因变量与自变量的关系，并根据这个关系建立一个合理的回归方程，利用该方程预测今后自变量变化会导致因变量产生何种变化的分析方法。

回归分析法注重因果分析思维，即根据事物发展变化的结果，寻找可能影响该结果的原因，再用数据去验证这种因果关系。例如，销售额是结果，在促销活动中，影响销售额的因素有很多，包括广告投入力度、品牌影响力、产品质量、定价、竞争对手强弱等，将这些因素量化就会形成销量模型，然后采集相关数据，构建数学模型，再在实践中不断检验数学模型是否合理，或者优化相关的数据指标、系数等，从而帮助企业更加准确地掌握未来的"销量密码"。

### 5．七何分析法

七何，即何时（When）、何地（Where）、何人（Who）、何事（What）、何因（Why）、何做（How）、何价（How Much）。七何分析法也被称为5W2H分析法。这种方法通过主动建立问题，找到解决问题的线索，然后有针对性地分析数据，最终得出结果。

（1）何因。开展营销活动的原因，是提升销售额、提高品牌知名度，还是获取流量？

（2）何事。开展的是什么营销活动？是线上促销活动、新品发布会，还是品牌宣传活动？以明确活动类型的选择是否正确等。

（3）何人。开展和参与营销活动的主要人群，包括营销人员、目标客户等，以明确营销人员工作是否到位、目标客户是否精准、目标客户的反馈等。

（4）何时。明确营销活动具体开展的时间，以分析时间的选择是否正确，如在节假日、在寒暑假、在日常时间。

（5）何地。营销活动的开展地点或渠道，如在微博、微信或是抖音等，以评估不同渠道对活动效果的影响。

（6）何做。怎么开展营销活动的，具体采用的是哪些营销方式和策略等。

（7）何价。投入的成本是多少？投入产出比是否合理？

## 活动2　分析营销活动关键指标

为准确评估营销活动效果，老李还为小艾介绍了营销活动相关的关键指标，用以量化活动成效，从而更精确地识别活动的成功要素和待改进之处。

**第一步** 了解关键指标

营销活动相关常见关键指标如下所示。

- **销售额**。活动期间，产品总的销售金额，反映活动的盈利情况。
- **客单价**。活动期间，平均每位客户的消费金额。其计算公式为：客单价=总销售额÷支付客户数。
- **转化率**。活动期间，潜在客户转化为实际消费者或软件/应用用户等的比例，如购买产品的比例、安装App的比例、注册小程序的比例等。其计算公式为：转化率=实际消费者或软件/应用用户数÷总客户数。
- **投资回报率（ROI）**。活动期间，企业投入成本与从活动中获得的经济回报的比率。其计算公式为：投资回报率=利润÷成本。
- **UV价值**。活动期间，每一位独立访客产生的价值。其计算公式为：UV价值=销售额÷访客数=转化率×客单价。
- **新增关注人数/新增粉丝数**。活动期间，新关注营销账号的人数，是量化活动成效的标准之一。
- **活动渠道来源**。开展营销活动的渠道，通常一场营销活动涉及多个渠道，通过分析渠道来源，可判断哪些渠道是优质渠道。

除以上关键指标外，客户数据、营销内容的关键指标，也是衡量营销活动效果的重要指标。

**第二步** 分析关键指标

老李让小艾先收集并计算本次主题营销活动的关键指标相关数据，然后根据活动目标使用聚类分析法分为两类（见表7-3），最后使用对比分析法分析活动效果。

表 7-3　营销内容相关数据

| 活动目标 | 知名度 | 提升品牌知名度，实现总热度破亿 |
| --- | --- | --- |
| | 销售数据 | 销售额达到4亿元，转化率达到5% |
| 知名度相关指标 | 总阅读量 | 1.01 亿次 |
| | 讨论量 | 731.4 万次 |

（续表）

| 销售数据相关指标 | 直播间观看人次 | 1594.8 万次 |
|---|---|---|
| | 直播间观看人数 | 318.9 万人 |
| | 实际下单人数 | 12.76 万人 |
| | 销售额 | 3.83 亿元 |
| | 转化率 | 4%（12.76÷318.9×100%） |

由表中数据可知，所有平台累计的总阅读量破亿，知名度的活动目标达成。较高的阅读量为直播带来大量的流量（直播间观看人次），但受各种因素影响，实际销售额和转化率低于目标值，销售数据的活动目标未达成，可能与直播互动、直接转化相关，具体原因还需进一步分析。

### 素养小课堂

营销人员应树立大数据分析思维，对数据保持好奇心，积极主动地去发掘数据背后隐藏的真相。

## 任务实践 分析服饰品牌营销活动数据

### 实践描述

越野跑活动开展后，TNS 还针对户外运动系列产品开展直播营销活动，进一步促进产品销售，预计总销量为 10 万件、销售额为 700 万元。直播营销活动结束后，TNS 根据行业数据搭建关键指标体系，并借助蝉妈妈对这场直播展开全面分析，以获知活动效果。图 7-8 所示为蝉妈妈中的本场直播诊断数据。

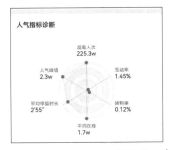

图7-8  直播诊断数据

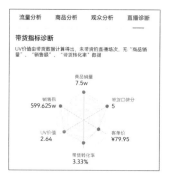

图7-8　直播诊断数据（续）

## 操作指南

根据图 7-8 所示的数据，从活动目标和行业平均水平的角度分析本场直播营销活动的效果，具体操作如下。

**步骤 01** 比较活动目标与实际结果。由图可知，产品销量为7.5万件、销售额为约599.625万元，与活动目标（总销量为10万件、销售额为700万元）相比，均未达标。

**步骤 02** 分析原因。结合行业平均水平，观看人次为225.3万人次，高于行业平均水平1.7万人次；平均停留时长为2分55秒，高于行业平均水平2分26秒；UV价值为2.64，高于行业平均水平的最高值2，为直播营销奠定了良好的流量基础。但是转粉率（0.12%）、互动率（1.45%）和客单价（79.95元）均远低于行业平均水平（行业平均转粉率1.08%、行业平均互动率23.56%、行业平均客单价273.91元），说明其在客户转化上存在很大的问题，这可能是导致销量和销售额未达标的重要原因，后续可能需要增强互动，引入一些高客单价的产品。

## 任务四 数字互动营销效果优化

### 任务描述

老李告诉小艾，找到营销存在的问题后，就可以着手开始优化工作。在讲解相关知识前，老李想考一考小艾，让小艾先想一想可以从哪些方面进行优化。小艾思考后说道："从问题入手。"老李点头称赞，然后为小艾讲起客户数据、营销内容、营销活动效果等常见问题的优化方法。

**任务实施**

### 活动1  优化客户数据

老李告诉小艾，在数字互动营销中，客户数据常常存在各种问题。其中，对营销效果产生重大影响的主要有三大问题：新增客户数量不足、客户流失较多、客户活跃度不高。在优化时，需要着重解决这3个问题。

#### 1. 新增客户数量不足

针对这一问题，可以从优化营销策略、拓展营销渠道等入手。

- **优化营销策略**。通过更具吸引力和创意的广告、活动或内容营销来吸引潜在客户的注意。例如，可以利用社交媒体广告和搜索引擎营销等来提高品牌曝光度。

- **拓展营销渠道**。除了常用的营销渠道，还可以积极拓展新的营销渠道，通过多渠道展示，增加品牌与潜在客户的接触点，提高新增客户数量。

#### 2. 客户流失较多

客户流失主要由客户流失率和留存率反映，如果客户流失率较高和留存率较低，则表示客户流失较多，此时就需要根据客户流失的原因，提供有针对性的解决方案。例如，客户对服务不满，需要改进不足之处，提升客户服务质量。

#### 3. 客户活跃度不高

客户活跃度主要由活跃用户数、日活跃用户数、月活跃用户数体现，活跃用户数少则客户活跃度可能不高。此时，企业需要主动与客户保持持续互动，并且在行为上做出引导，以提高客户活跃度。

### 活动2  优化营销内容

老李接着说，营销内容作为传递营销信息的主要载体，同样可能存在各种问题，如营销内容吸引力不足、转化能力较弱、违反法律法规等，这些都会对数字互动营销效果产生不好的影响，需要进行优化。

#### 1. 提升营销内容吸引力

营销内容的吸引力除了与写作技巧相关外，还受内容创意、原创程度等的影响。因此，如果技巧运用无误的情况下，可以从这两方面进行优化。

（1）增强内容创意

创意是营销内容的灵魂，也是彰显营销内容独特之处的关键。一般来说，越有创意的营销内容，越受客户欢迎，越容易激发客户的点击欲望。写作时，可以使用以下思维方式寻找创意。

- **发散思维**。发散思维也称扩散思维、辐射思维，是指从已有的信息出发，尽可能向各个方向扩展，不受已知或现存的方式、方法、规则和范畴的约束，以衍生出不同的新的设想、答案或方法的思维方式，简单来说就是从"一"到"多"。例如，写作一篇营销笔记本电脑的营销内容，可能产生图7-9所示的发散。由笔记本电脑想到随身携带、听音乐、连接其他设备、鼠标、笔记本电脑背包等。

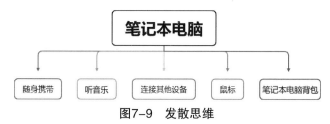

图7-9　发散思维

- **逆向思维**。逆向思维是对几乎已有定论的或已成常规的事物或观点进行反向思考的思维方式，通过从问题的反面进行探索，从而找出新创意与新想法。由于打破常规，因此使用逆向思维写作的营销内容能给人眼前一亮的感觉。例如，文案标题"在尝试2018次之后，我们终于把手机砸烂了"就应用了逆向思维，通过砸手机的次数体现出手机的结实，与直接展示手机"结实耐摔"的常规思维相反。

（2）原创内容

营销内容的创作方法有原创、转载、模仿和改写等，其中，原创的内容更具有独特性和创新性，也更容易给客户带来新鲜感。同时，通过原创的营销内容，企业可以更好地展示自身的理念和特色，从而形成差异化竞争优势。

## 2. 提升营销内容转化能力

优秀的营销内容通常点击量、评论量、转发量等比较高，转化能力也较强，可以为企业带来更多新增用户、更高的产品销量或服务购买量等。在优化时，可以从以下两个方面入手。

- **以产品或服务为解决方案。** 围绕目标客户的需求和偏好写作营销内容，并有针对性地提供产品或服务作为解决方案，甚至提供产品或服务的购买链接等。
- **提供行动指引。** 在营销内容中通过话语引导客户注册、登录或购买等，让客户采取相应的行动。

### 3. 避免违法违规

营销内容中常见的违法违规情况有抄袭侵权、无资质发布专业领域内容、发布谣言或不实内容、宣扬不良价值观、诱导低俗、使用不文明用语、恶意营销、抽奖不规范、使用低质标题、发布低质内容等。因此，在写作前不仅要了解各营销平台的内容发布规范，还要熟悉《中华人民共和国广告法》《互联网直播营销信息内容服务管理规定（征求意见稿）》等相关法律法规。

## 👤 活动3　优化营销活动效果

老李说，营销活动效果的优化比较麻烦，涉及多个方面，包括活动本身、营销渠道、权益等。

### 1. 活动优化

活动优化是从活动本身出发，找出活动存在的问题，以使活动更具针对性。在优化时，需要考虑：活动类型是否符合目标客户偏好？活动是否充分预热？活动流程是否符合客户习惯？活动目标是否符合实际？活动中的营销的产品或服务是否能够满足客户需求？用户体验是否流畅便捷？……如果某一方面存在问题，则需要做出改进。

### 2. 渠道优化

营销活动开展得成功与否和营销渠道有很大的关系。一般来说，营销活动是多渠道同时进行，以尽可能覆盖目标客户，但不同渠道有不同的特点。在优化时，需要考虑：是否覆盖可能存在目标客户的营销渠道？是否合理规划各营销渠道，实现渠道间的相互配合？是否在客户偏好的营销渠道重点营销……并依次检查营销渠道。

### 3. 权益优化

在营销活动中，经常会设置各种权益，以吸引客户。如果权益吸引力不足，可能不会引发客户的参与兴趣。关于这一点，可以根据客户的反馈进行确认，并有针对性地改进。

---

**📖 经验之谈**

正式开展营销活动之前，可以小规模投放，提前测试客户对活动的看法、活动的开展流程是否顺畅、营销渠道的选择是否有误等，然后加以调整优化，以实现预期的营销目标。

---

## 任务实践 制定服饰品牌营销效果优化策略

### 实践描述

TNS 将这几次的营销活动情况进行了汇总，并将问题整理成表格，如表 7-4 所示。其打算从问题入手，制定有针对性的优化策略。

表 7-4　TNS 近几次营销活动问题汇总

| 活动 | 问题 |
|---|---|
| 活动 1 | 客户的活跃度不高、产品销量不佳 |
| 活动 2 | 文章互动转化能力较弱 |
| 活动 3 | 产品销量和销售额低于目标值，客单价低 |

### 操作指南

结合前期分析结果，针对营销活动的问题提出有针对性的解决措施，具体操作如下。

**步骤 01**　活动1问题解决措施。结合客户活跃时间段和各年龄层的忠诚度提出解决措施。

解决措施：＿＿＿＿＿＿＿＿＿＿＿＿＿＿＿＿＿＿＿＿＿

**步骤 02**　活动2问题解决措施。结合营销内容转化能力提升技巧提出解决措施。

解决措施：＿＿＿＿＿＿＿＿＿＿＿＿＿＿＿＿＿＿＿＿＿

**步骤 03**　活动3问题解决措施。结合参与活动的产品的客单价提出解决措施。

解决措施：＿＿＿＿＿＿＿＿＿＿＿＿＿＿＿＿＿＿＿＿＿

## 知识拓展  数字互动营销效果分析的作用和流程

### 1. 数字互动营销效果分析的作用

数字互动营销效果分析是对营销工作详细研究和概括总结的过程，可以提取有用信息并形成结论，具有多方面的作用。

- **了解营销质量。**数字互动营销渠道众多，通过分析各平台关键数据指标的增减变化，可以更好地了解企业在不同渠道的营销质量。
- **调整营销方向。**分析和研究数字互动营销效果，可以获得更加准确的客户需求信息，帮助企业预测并调整营销方向。
- **调整营销方案。**数字互动营销通常按照制定的营销方案进行，但在实际开展过程中，可能会受某些因素的影响而发生变动，此时分析相关的数据有助于适时调整营销方案，以确保营销工作的顺利进行。

### 2. 数字互动营销效果分析的流程

为使分析工作更加高效和有序，企业在分析时，可以按照图 7-10 所示的流程。

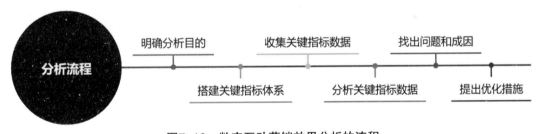

图7-10  数字互动营销效果分析的流程

## 同步练习

### 1. 单选题

（1）小林是某品牌的营销人员，现需要调查客户的忠诚度，他需要收集的关键指标是（      ）。

    A. 访客数、重复购买次数

    B. 新增用户数、重复购买次数

    C. 重复购买人数、购买率

    D. 重复购买次数、重复购买率

（2）某通信企业对客户满意度进行了抽样调查，样本数据为 200 人。其中，打 5 分的客户有 65 人、打 4 分的客户有 80 人、打 3 分的客户有 21 人、打 2 分的客户有 18 人、打 1 分的有 16 人。该企业的客户满意度为（　　　　）。

    A．13.33%　　　　　　　　　B．32.5%

    C．72.5%　　　　　　　　　　D．83%

（3）为推广新品，某品牌在微信公众号发表了一篇文章，以下不是评估该微信公众号文章营销效果的关键指标的是（　　　　）。

    A．文章字体大小　　　　　　B．文章的点赞量

    C．新增关注人数　　　　　　D．文章的阅读量

## 2. 多选题

（1）某品牌开展了"人人都是设计师"的主题营销活动，邀请客户使用 AIGC 画出自己心中理想的服饰，并通过投票筛选出前 5 名，作为下一季新品的设计灵感。活动结束后，品牌需要对本次活动进行效果分析，可以选择的分析方法有（　　　　）。

    A．相关性分析法　　　　　　B．回归分析法

    C．七何分析法　　　　　　　D．对比分析法

（2）在数字互动营销中，哪些客户数据优化的做法可以有效提升营销效果？（　　　　）

    A．定期清洗和更新客户数据库，建立关键指标体系

    B．拓展营销渠道，全面触达客户

    C．根据客户偏好和需求调整营销策略

    D．利用数据分析工具，预测客户未来的购买行为和趋势

（3）在优化数字互动营销活动时，以下哪些方法有助于优化活动效果？（　　　　）

    A．设定明确、可衡量的营销目标，以便评估活动的成功与否

    B．选择合适的营销渠道，确保信息能够准确触达目标客户

    C．在活动开始前进行充分的预热和宣传，提高客户的期待值

    D．忽视客户反馈，坚持既定的活动方案不进行调整

### 3. 判断题

（1）客户数据的指标与指标之间并无关联。　　　　　　　　　　（　　）

（2）营销内容越具有针对性、质量越高，就越有可能获得较高的浏览量、点赞量。　　　　　　　　　　　　　　　　　　　　　　　　　（　　）

（3）营销活动只要开展了，就会带来好的营销效果。　　　　　（　　）

### 4. 简答题

（1）简述客户数据的关键指标有哪些。

（2）简述营销内容的关键指标有哪些。

（3）简述营销活动的关键指标有哪些。

（4）简述优化客户数据、营销内容、营销活动的方法。

### 5. 操作题

（1）某电商企业推出同名在线购物 App，搭建线上销售平台。推出一周后，该 App 的注册用户数只有 700 人，日活跃用户数仅 35 人。为此，该企业在各大社交媒体平台投放广告，并通过赞助综艺节目的形式在节目中植入营销 App 的广告，同时还在线下开展地推活动。3 个月后，App 注册用户数达到 40 万人，日活跃用户数为 2500 人，月活跃用户数为 3400 人。请分析该 App 的客户数据，说说营销前客户数据存在哪些问题，营销后客户数据出现了怎样的变化。

（2）某家电品牌为促进产品销售（产品均价为 1500 元），在微信群开展了为期一个月的打卡活动。活动规定，每打卡一次可获得一张 5 元无门槛优惠券，并且可叠加使用，连续打卡 30 次可参与抽奖，有机会获得品牌新品洗衣机一台。活动开展后，参与打卡的人每周递减，从原来的 500 人（总人数）减少到最后的 10 人，仅有 10 人参与购买，产品销售额仅为 15500 元。请分析该活动数据，说说存在什么问题，并提出优化建议。

（3）某水果品牌近期新开通微博账号，并发布了旗下水果的营销内容。营销内容简短，仅说明近期上市的水果，如"西瓜驾到！皮薄汁多，好吃又解渴"。图 7-11 所示为该微博账号近 7 天的营销内容数据。请分析这些数据，并说说营销内容可能存在哪些问题，并提出优化建议。

图7-11 微博营销内容数据